Prüfungstraining für Bankkaufleute

Wolfgang Grundmann

Abschlussprüfung Teil I

Konten führen und Anschaffungen finanzieren

5. Auflage

Springer Gabler

Wolfgang Grundmann
Norderstedt, Deutschland

ISSN 2627-8588 ISSN 2627-8596 (electronic)
Prüfungstraining für Bankkaufleute
ISBN 978-3-658-51638-3 ISBN 978-3-658-51639-0 (eBook)
https://doi.org/10.1007/978-3-658-51639-0

Die Deutsche Nationalbibliothek verzeichnet diese Publikation in der Deutschen Nationalbibliografie; detaillierte bibliografische Daten sind im Internet über https://portal.dnb.de abrufbar.

Planung/Lektorat: Guido Notthoff
Springer Gabler ist ein Imprint der eingetragenen Gesellschaft Springer Fachmedien Wiesbaden GmbH und ist ein Teil von Springer Nature.
Die Anschrift der Gesellschaft ist: Abraham-Lincoln-Str. 46, 65189 Wiesbaden, Germany

Vorwort

Liebe Bankauszubildende, liebe Leserinnen und Leser,

Ende September 2021 war es soweit: Die erste Prüfung nach neuer Prüfungsordnung fand statt. Sie war mit Spannung erwartet worden, auch, weil die Aufgabenstelle für kaufmännische Abschluss- und Zwischenprüfungen (AkA) im Vorfeld den ersten Prüflingen keine Musterprüfung, sondern nur Musteraufgaben zur Verfügung gestellt hatte. Die drei Fälle mit offenen und programmierten Aufgaben in der ersten gestreckten Septemberprüfung 2021 wurde von den Auszubildenden als fair bezeichnet. Inzwischen wurden weitere Abschlussprüfungen nach der neuen Prüfungsordnung erfolgreich durchgeführt.

Seit der Neugestaltung des Berufsbildes Bankkaufmann/Bankkauffrau und der neuen Ausbildungsordnung besteht Ihre Abschlussprüfung in Zukunft aus einem Teil I, einem Teil II und einer mündlichen Prüfung, die „Kunden beraten" genannt wird.

Die schriftliche Abschlussprüfung wird in den beiden Teilen I und II in Form von offenen Aufgaben und Multiple-Choice-Aufgaben durchgeführt. Die Lehrkräfte müssen die offenen Aufgaben korrigieren, während die programmierten Aufgaben automatisiert bei der Industrie- und Handelskammer ausgewertet werden.

Für angehende Bankkaufleute ist es eine besondere Herausforderung, ihr handlungsorientiertes Wissen in einer fallorientierten, gebundenen Form unter Beweis zu stellen. Eine sorgfältige Vorbereitung – inhaltlich aber auch „taktisch" – auf diese Art von Abschlussprüfung ist eine wichtige Voraussetzung dafür, auch unter diesen Bedingungen eine den praktischen Fertigkeiten und Kenntnissen entsprechende Note zu erlangen. Vor allem für Auszubildende, die eine „sehr gute" Note in der Prüfung erreichen möchten, ist es wichtig, sich rechtzeitig vorher auf die offenen und programmierten Aufgaben vorzubereiten.

Die Abschlussprüfung für Bankkaufleute gliedert sich in drei Teile, Teil I und Teil II sowie dem mündlichen Teil „Kunden beraten" und findet zu verschiedenen Zeitpunkten Ihrer Ausbildung statt. Die Abschlussprüfung Teil I findet nach Ihrem ersten Ausbildungsjahr statt.

Die Abschlussprüfung Teil II und der Teil „Kunden beraten" werden am Ende Ihrer Ausbildung durchgeführt.

Der Prüfungsteil I der Abschlussprüfung besteht aus den folgenden Prüfungsinhalten:

Konten führen und Anschaffungen finanzieren

01 Liquidität sicherstellen ca. 30 %

02 Vermögen bilden mit Sparformen ca. 35 %

03 Konsumentenkredite anbieten und Abschlüsse vorbereiten ca. 35 %

Die Abschlussprüfung I geht mit 20 % in das Prüfungsendergebnis ein.

Die Abschlussprüfung Teil II enthält folgende Bereiche bzw. Inhalte und geht mit 50 % in das Prüfungsendergebnis ein:

„Vermögen aufbauen und Risiken absichern" wird mit 20 %,

„Finanzierungsvorhaben begleiten" wird mit 20 %,

„Wirtschafts- und Sozialkunde" wird mit 10 % bewertet.

Der abschließende mündliche Teil der Prüfung „Kunden beraten" geht mit 30 % in das Prüfungsendergebnis ein.

Damit Sie bei den Themen, die Sie im ersten Abschnitt Ihrer Ausbildung lernen, am Ball bleiben, haben wir mit diesem Buch für die Vorbereitung auf die gestreckte Abschlussprüfung Teil I die prüfungsrelevanten Inhalte in acht Prüfungssätzen, die jeweils drei Fälle enthalten, zusammengestellt. Grundlage für die inhaltliche Zusammenstellung der drei Fälle in einem Prüfungssatz war die Inhaltsvorgabe aus der neuen Ausbildungsordnung: Konten führen und Anschaffungen finanzieren mit den Themen 01 bis 03.

Die einzelnen Fälle enthalten sowohl offene Aufgaben wie auch programmierte Aufgaben. Jede Aufgabe wurde mit einer Punktzahl bewertet, die Sie für die Beantwortung der Aufgabe maximal erreichen können. Mit der Beantwortung der Aufgaben in einem Prüfungssatz können Sie analog der Abschlussprüfung maximal 100 Punkte erreichen.

Im hinteren Teil des Buches finden Sie eine Formelsammlung, die wichtigsten Euro-Beträge und einen ausführlichen Lösungsteil.

Mit diesem Prüfungsbuch können Sie sich also optimal auf Ihre kommende Abschlussprüfung Teil I vorbereiten.

Die Inhalte dieses Buches sind auf dem Stand vom 01.01.2026. Im Zahlungsverkehr wurden die Aufgaben zu den Zahlungsformen PayPal, VisaCard und MasterCard um die neue schnelle und sichere mobile Banking P2P-Zahlungsform Wero ergänzt. Da die Echtzeit-Überweisung seit 2025 im Zahlungsverkehr Standard ist, sind die Aufgaben zum Überweisungsverkehr in dieser Auflage angepasst worden. Die Aufgaben zum Pfändungsschutz wurden mit der neuen Pfändungsfreigrenze für P-Konten aktualisiert. Die Einlagensicherung für das private Bankgewerbe wurde auf den aktuellen Stand gebracht. Sie beträgt für das private Bankgewerbe 8,75 % des haftenden Eigenkapitals. Bargeld und Wertgegenstände in gemieteten Schrankfächern bei Kreditinstituten sind mit bis zu ca. 10.000,00 EUR versichert. Im Verbraucherdarlehensgeschäft wurde der Verbraucherschutz bezüglich der Restschuldversicherung verbessert: Kreditvertrag und Versicherungsvertrag werden seit 2025 zeitlich und vertraglich voneinander getrennt abgeschlossen. Der Annahmezwang bei reiner Münzzahlung beträgt in Deutschland bis zu 50,00 EUR. Die Übersicht der Freigrenzen und Freibeträge wurde auf den aktuellen Stand gebracht. Fragen zu den Aufgaben und den kommentierten Lösungen beantworten Ihnen die Autoren gern unter den unten angegebenen E-Mail-Adressen.

Trotz größtmöglicher Sorgfalt können wir Fehler nicht ausschließen. Für Hinweise darauf sowie Anregungen und Tipps sind wir sehr dankbar. Autoren und Verlag wünschen viel Erfolg beim Bearbeiten der Aufgaben und vor allem viel Power für die Prüfung!

Hamburg, im April 2026

Wolfgang Grundmann wolfgang@grundmann-norderstedt.de

Inhaltsverzeichnis

PRÜFUNGSSATZ I

W. Grundmann, *Abschlussprüfung Teil I*, Prüfungstraining für Bankkaufleute,
https://doi.org/10.1007/978-3-658-51639-0_1

Prüfungssatz I

Bearbeitungszeit: 90 Minuten, 100 Punkte

Lösungen ab Seite 137

1. Fall: Kontoeröffnung für einen Auszubildenden *(44 Punkte)*

Situation

Das Ehepaar Britta und Niko Esche sind Girokunden der Nordbank AG. Ihre 17-jährige Tochter Simone beginnt am 1. September eine Berufsausbildung bei der Speditions-AG in Hamburg. Vor dem Beginn ihrer Ausbildung möchte sie bei der Nordbank AG in Hamburg ein Girokonto eröffnen lassen, auf das ihre Ausbildungsvergütung überwiesen werden soll.

Aufgabe 1 (2 Punkte)

Bevor ein Konto von der Nordbank AG eröffnet wird, bittet der Kundenberater der Nordbank AG, Thomas Weingärtner, Frau Simone Esche zunächst um die Aushändigung ihres Personalausweises, um ihre Geschäftsfähigkeit zu prüfen. Welche Aussagen zur Geschäftsfähigkeit treffen zu?

A Die Geschäftsfähigkeit drückt aus, dass eine Person für einen Dritten, z. B. einen Minderjährigen, geschäftsfähig handelt.

B Wenn eine Person im Rahmen von Rechtsgeschäften sorgsam verhandelt, beweist sie damit ihre Geschäftsfähigkeit.

C Wenn eine Person bisher ihren Verpflichtungen aus Rechtsgeschäften ordnungsgemäß nachgekommen ist, ist sie geschäftsfähig.

D Wenn eine Person Rechte und Pflichten durch Rechtsgeschäfte erwerben kann, ist sie geschäftsfähig.

E Wenn eine Person rechtswirksam Willenserklärungen jeder Art abgeben kann, so ist sie geschäftsfähig.

F Mit der Geburt wird eine natürliche Person nach dem BGB geschäftsfähig.

☐ ☐

Aufgabe 2 (2 Punkte)

Herr Weingärtner informiert Frau Simone Esche darüber, wie der Kontovertrag rechtswirksam zustande kommt. Welche Information ist richtig?

A Der Kontovertrag mit Frau Simone Esche kommt dann zustande, wenn ihr die Bestätigung der Nordbank vorliegt, dass sie nach Eingang der ersten Ausbildungsvergütung allein über das Konto verfügen kann.

B Der Kontovertrag kommt durch die Unterzeichnung des Kontoeröffnungsantrages durch Frau Simone Esche und durch die Annahme dieses Antrages durch die Nordbank AG zustande. Er ist aber noch nicht rechtswirksam, da Frau Simone Esche minderjährig ist.

C Der Kontovertrag mit Frau Simone Esche kommt erst durch die Anerkennung der AGB und Zustimmung zur SCHUFA-Klausel zustande, die schriftlich erfolgen müssen.

D Der Kontovertrag kommt zustande, sobald Frau Simone Esche den Kontoeröffnungsantrag der Nordbank AG eingereicht und unterzeichnet hat.

E Der Kontovertrag wird rechtswirksam, wenn die Nordbank AG die erste Ausbildungsvergütung dem Konto von Frau Simone Esche gutschreibt.

F Der Kontovertrag wird rechtswirksam, wenn Simone den Kontovertrag unterschrieben hat und ihre Eltern dem Kontovertrag zugestimmt haben.

☐ ☐

Aufgabe 3 (2 Punkte)

Simone Esche möchte wissen, warum sie sich wegen einer Kontoeröffnung legitimieren muss.

Welche der Aussagen sind zutreffend?

A Eine Legitimationsprüfung ist gesetzlich vorgeschrieben, um festzustellen, welche Staatsangehörigkeit Simone hat und ob sie unbeschränkt steuerpflichtig ist.

B Zur Legitimation von Simone ist ein amtlich gültiger Lichtbildausweis erforderlich, Damit Herr Weingärtner die Art ihrer Geschäftsfähigkeit feststellen kann.

C Die Nordbank AG hat kein Eigeninteresse an einer Legitimationsprüfung mittels des Personalausweises. Die Überprüfung des Personalausweises soll lediglich aus gesetzlichen Gründen durchgeführt werden, um Steuerhinterziehung zu vermeiden.

D Zur Legitimation von Simone ist ihr Ausbildungsvertrag oder ihr Schülerausweis im Ausnahmefall zulässig, um ihre persönlichen Daten im Kontoeröffnungsantrag zu überprüfen.

E Die Legitimationsprüfung von Simone ist ein wesentlicher Bestandteil in Der SCHUFA-Klausel und in den Allgemeinen Geschäftsbedingungen (AGB).

F Die Legitimationsprüfung von Simone und ihren Eltern muss durchgeführt und die Zustimmung von den Eltern zum Kontovertrag eingeholt werden, um den Kontovertrag rechtswirksam zu schließen.

☐ ☐

Aufgabe 4 (3 Punkte)

Begründen Sie drei weitere Sachverhalte, die Herr Weingärtner anhand des Personalausweises von Frau Simone Esche prüfen muss!

Aufgabe 5 (2 Punkte)

Simone sind die Formulierungen „Handeln für eigene und fremde Rechnung“ im Kontoeröffnungsformular nicht geläufig. Herr Weingärtner erklärt Simone, was die Frage nach „Handeln für eigene und Handeln für fremde Rechnung „im Rahmen des Abschlusses eines Kontovertrages bedeutet. Erklären Sie ihr die Bedeutung dieser Frage!

Aufgabe 6 (4 Punkte)

Herr Weingärtner informiert Simone auch über die Ziele des Geldwäschegesetzes. Informieren Sie Simone über die Ziele des Geldwäschegesetzes. Nennen Sie zwei Ziele des Geldwäschegesetzes!

Aufgabe 7 (4 Punkte)

Beraten Sie Simone über die Möglichkeiten der Verfügungsberechtigung und die Nutzungsmöglichkeiten des Kontos.

Aufgabe 8 (2 Punkte)

Beschreiben Sie die Arbeitsvorgänge im Zusammenhang mit der Eröffnung und Einrichtung des Kontos.

Aufgabe 9 (2 Punkte)

Da Frau Simone Esche körperbehindert ist, möchte sie ihrem 20-jährigen Bruder Torsten eine allgemeine Kontovollmacht erteilen. Torsten ist zuverlässig. Darf Herr Weingärtner ihrem Wunsch entsprechen?

Aufgabe 10 (2 Punkte)

Heute ist Simone 18 Jahre alt geworden. Prüfen Sie, ob sie als Volljährige ihrem minderjährigen Bruder eine Kontovollmacht erteilen kann und begründen Sie die Legitimationsprüfung des Bruders.

Aufgabe 11 (2 Punkte)

Informieren Sie Simone darüber, welches Geschäft ihr Bruder als Bevollmächtigter vornehmen darf.

A Die Beantragung einer Kreditkarte für sich

B Die Beantragung der Erhöhung des Dispositionskredits auf dem Kontokorrentkonto seiner Schwester

C Die Erteilung einer Kontovollmacht für die Freundin des Bruders

D Der Abschluss eines Schrankfachmietvertrags

E Die Entgegenname von Kontoauszügen am Kontoauszugsdrucker

☐

Aufgabe 12 (2 Punkte)

Der Vater von Simone Esche, Herr Niko Esche, führt in der Hamburger Innenstadt einen Tabakladen unter dem Namen „Pfeifen Esche". Herr Esche kommt jeden Freitag in die Innenstadtfiliale der Nordbank AG, Herr Esche zahlt dann regelmäßig bar zwischen 10.000,00 EUR und 15.000,00 EUR zugunsten seines Geschäftskontos ein. Wie verhält sich die Nordbank AG in dieser Situation richtig!

A Die Nordbank AG nimmt das Geld entgegen und schreibt den Betrag dem Geschäftskonto gut. Weitere Nachfragen sind laut Geldwäschegesetz nicht notwendig, da es sich um einen bereits identifizierten Kunden handelt.

B Die Nordbank AG weist den Kunden darauf hin, dass Sie ab einem Betrag von 15.000,00 EUR verpflichtet ist, seine Legitimationsdaten zu notieren und diese jeden Freitag an den Geldwäschebeauftragten weiterzuleiten.

C Die Nordbank AG informiert den Kunden, dass sie ihn ab 15.000,00 EUR laut Geldwäschegesetz identifizieren muss und bietet ihm an, nur bis zu 14.999,00 EUR einzuzahlen.

D Die Nordbank AG nimmt das Geld entgegen und bucht den Betrag. Eine Identifizierung und Einholung von weiteren Informationen ist in diesem Fall nicht notwendig, da der Kunde wöchentlich Einzahlungen vornimmt.

E Die Nordbank AG nimmt das Geld entgegen, erfragt und notiert die Herkunft, Verwendung und den wirtschaftlich Berechtigten der Einzahlung und bucht den Betrag unter Vorbehalt auf dem Geschäftskonto.

F Die Nordbank AG ist berechtigt, im Rahmen der Bargeldeinzahlung nur bis zu maximal 50,00 EUR in Münzen von Herrn Esche anzunehmen. .

☐

Aufgabe 13 (2 Punkte)

Simone hat Herrn Weingärtner ermächtigt, ihre personenbezogenen Daten der Schufa zu melden. Die Schufa-Abfrage auf dem Terminal ergibt, dass keine Informationen über Frau Esche bei der Schufa vorliegen. Entscheiden Sie, ob Herr Weingärtner das Girokonto unter diesen Voraussetzungen eröffnen kann!

Aufgabe 14 (4 Punkte)

Frau Esche möchte auch am Onlinebanking teilnehmen. Deshalb möchte sie von Herrn Weingärtner über entsprechende Kontomodelle informiert werden.

Die Nordbank AG bietet zurzeit folgende Kontomodelle für Privatkunden an:

	Kontomodell Classic	**Kontomodell Direct**
Art der Auftragserteilung	beleghaft	Online
Monatliches Kontoführungsentgelt	4,50 EUR	1,00 EUR
Karten inclusive	Bankkarte	Bankkarte
Entgelt für Buchungsposten	• 0,50 EUR • 5 Buchungen pro Monat kostenlos	• beleglose Buchungen kostenlos • Beleg gebundene Buchungen 1,00 EUR

Nennen Sie Frau Simone Esche je zwei Vorteile der beiden Kontomodelle.

Aufgabe 15 (2 Punkte)

Frau Esche entscheidet sich für die Umstellung ihres Kontos auf das „Direct"-Konto. Sie möchte ihren bisherigen Dauerauftrag, den sie auf ihrem Girokonto eingerichtet hatte, zu Gunsten des Sparkontos erhöhen.

Erklären Sie Frau Simone Esche die genaue Vorgehensweise zur Änderung eines Dauerauftrags beim Online-Banking.

Aufgabe 16 (2 Punkte)

Frau Simone Esche will in der nächsten Woche umziehen. Sie soll für ihre neue Wohnung eine Kaution für den Vermieter, die Wohnungsgesellschaft Schaum GmbH, hinterlegen. Die GmbH unterhält ein Konto bei der Unionbank AG. Eine Spareinlage in entsprechender Höhe soll von Frau Esche zugunsten der Wohnungsgesellschaft Schaum GmbH verpfändet werden. Die Spareinlage wird bei der Nordbank AG geführt. Welche der folgenden Aussagen zu diesem Mietkautionskonto sind zutreffend?

A Die Mietkaution wird verzinslich bei der Nordbank AG angelegt und zugunsten der GmbH verpfändet. Die Zinserträge stehen Frau Simone Esche zu.

B Aufgrund der Verpfändung des Guthabens wird die Wohnungsgesellschaft Schaum GmbH neue Gläubigerin der Einlage.

C Die Laufzeit der Spareinlage entspricht der Laufzeit des neuen Mietvertrags von Frau Simone Esche.

D Frau Simone Esche kann über das Mietkautionskonto bei der Nordbank AG verfügen, um damit anfallende Nebenkosten für ihre neue Wohnung zu begleichen.

E Bei Mietrückständen kann die Wohnungsgesellschaft Schaum GmbH bei der Nordbank AG die Freigabe und Auszahlung der fälligen Mieten vom Mietkautionskonto unter Einhaltung der vereinbarten Wartefrist beantragen.

F Da es sich um ein Mietkautionskonto handelt, kann Frau Simone Esche dieses Konto nicht in den Freistellungsauftrag, der der Nordbank AG erteilt wurde, einbeziehen.

☐ ☐

Aufgabe 17 (2 Punkte)

Herr Weingärtner hatte Frau Esche darüber informiert, dass die Nordbank AG für ein Kontokorrentkonto jeweils zum Ende eines Kalenderquartals einen Rechnungsabschluss erstellt.

Frau Esche legt Ihnen am 07. Februar (Donnerstag) eine ihr am 03. Januar (Dienstag) zugegangene Saldomitteilung vor. Die Mitteilung weist einen Sollsaldo von 15,54 EUR aus, der durch die Belastung von Kontoführungsgebühren entstanden ist. Sie zweifelt die Richtigkeit des Rechnungsabschlusses an, da ihr Konto seit dem letzten Quartalsabschluss keine Kontobewegungen mehr aufgewiesen hatte und der Saldo am darauffolgenden Quartalsanfang 3,50 EUR betragen hatte. Nach welcher Frist gilt die zugesandte Abrechnungsabschluss mit der Saldomitteilung als stillschweigend anerkannt? Nennen Sie das Datum (TT.MM.JJJJ).

☐☐.☐☐.☐☐☐☐

Aufgabe 18 (3 Punkte)

Erläutern Sie Frau Esche, welche Auswirkung es für sie hat, wenn ein Rechnungsabschluss genehmigt ist und sie anschließend feststellt, dass dem Kontokorrentkonto vor diesem Rechnungsabschluss eine von ihr nicht autorisierte Überweisung belastet wurde!

Vgl. Ziffer 7 Abs. 2 der AGB der Banken (Rechnungsabschlüsse bei Kontokorrentkonten)

(2) Einwendungen wegen Unrichtigkeit oder Unvollständigkeit eines Rechnungsabschlusses hat der Kunde spätestens innerhalb von 6 Wochen nach dessen Zugang zu erheben; macht er seine Einwendungen geltend, genügt die Absendung innerhalb der 6-Wochen-Frist. Das Unterlassen rechtzeitiger Einwendungen gilt als Genehmigung. Auf diese Folge wird die Bank bei Erteilung des Rechnungsabschlusses besonders hinweisen. Der Kunde kann auch nach Fristablauf eine Berichtigung des Rechnungsabschlusses verlangen, muss dann aber beweisen, dass zu Unrecht sein Konto belastet oder eine ihm zustehende Gutschrift nicht erteilt wurde.

2. Fall: Bausparen und Spareinlagen *(32 Punkte)*

Situation

Stefanie und Rainer Hoffmann, Kunden Ihres Ausbildungsinstitutes, haben geheiratet. Der Ehename ist Hoffmann. Sie haben noch keine Kinder und wohnen in einer gemieteten Zwei-Zimmer-Wohnung.

Folgende Kundendaten sind verfügbar:

	Stefanie Hoffmann	Rainer Hoffmann
Geburtsdatum	23 Jahre	24 Jahre
Beruf	kfm. Angestellte	Elektroinstallateur
zu versteuerndes Jahreseinkommen	16.000,00 EUR	26.000,00 EUR
Anlage vermögenswirksamer Leistungen auf Investmentsparverträge	26,00 EUR (VL-Anteil des AG: 13,00 EUR)	26,00 EUR (VL-Anteil des AG: 26,00 EUR)
Sparguthaben	2.400,00 EUR	8.200,00 EUR

Die Eheleute sind heute bei Ihnen um sich über Möglichkeiten des Vermögensaufbaus zu erkundigen. Zuerst möchten Sie etwas zu „Vermögenswirksamen Leistungen“ erfahren.

Aufgabe 1 (2 Punkte)

Erklären Sie de m Ehepaar, was man unter "Vermögenswirksamen Leistungen" versteht?

Aufgabe 2 (2 Punkte)

Das Ehepaar informiert sich bei Ihnen über die Anlage- und Fördermöglichkeiten nach dem Vermögensbildungsgesetz. Wie müssen Sie die beiden informieren?

A Für Anlagen nach dem Vermögensbildungsgesetz und für andere begünstigte Baumaßnahmen beträgt die Arbeitnehmer-Sparzulage 20 %.

B Maßgebend für die staatliche Förderung ist das Bruttoeinkommen im Jahr der Sparleistung.

C Die Höhe der Sparzulage ist abhängig von der Zahl der Kinder.

D Die Anträge auf staatliche Förderung sind spätestens bis zum 31.12. des Anlagejahres zu stellen.

E Tariflich vereinbarte vermögenswirksame Leistungen kann ein verheirateter Arbeitnehmer auch dann in Anspruch nehmen, wenn sein zu versteuerndes Einkommen im Jahr der Sparleistung 80.000,00 EUR übersteigt. Diese Sparleistung wird dann allerdings nicht staatlich durch eine Arbeitnehmer-Sparzulage gefördert.

☐

Aufgabe 3 (9 Punkte)

Informieren Sie das Ehepaar über die staatliche Sparförderung und ergänzen Sie dazu die Tabelle!

Anlageformen	maximal geförderte Anlagehöchstbeträgen	staatlichen Förderung	Einkommensgrenzen
VL-Sparvertrag	beliebig	0 %	Entfällt
Kapitallebensversicherung	beliebig	0 %	Entfällt
Bausparvertrag VL Wohnungsbauprämie			
Wertpapiersparvertrag (Produktivvermögen)			

Aufgabe 4 (2 Punkte)

Die Eheleute sind beeindruckt, wie viel Prämie Sie vom Staat erhalten könnten. Nun möchten Sie wissen, wie hoch der maximale Sparbeitrag pro Jahr für Sie sein müsste, um die maximale Förderung zu erhalten. Nennen Sie den Gesamtbetrag ihrer jährlichen Sparleistung!

☐☐☐☐,☐☐

Aufgabe 5 (2 Punkte)

Prüfen Sie, ob die Eheleute Hoffmann aufgrund ihrer Einkommensverhältnisse eine Wohnungsbauprämie erhalten und wann diese gezahlt wird.

Aufgabe 6 (2 Punkte)

Welche Verfügung des Ehepaares führt zum Verlust der Wohnungsbau-Prämie.

A Ein Kunde tritt seinen Kindern die Ansprüche aus seinem Bausparvertrag für den Bau eines Einfamilienhauses ab.

B Ein Bausparer erwirbt mit seinem Bausparguthaben Anteile an einem offenen Immobilienfonds.

C Ein Bausparer verwendet den angesparten Betrag auf seinem Bausparkonto zur Finanzierung der Modernisierung seiner Eigentumswohnung.

D Ein Bauherr verwendet einen bereits zugeteilten Bausparvertrag zur Ablösung eines bereits gewährten Hypothekarkredits (Zwischenkredit).

E Ein Kunde verwendet das Bausparguthaben zum Ersterwerb von Anteilen an einer Wohnungsbaugenossenschaft.

☐

Aufgabe 7 (2 Punkte)

Prüfen Sie, ob die Eheleute Hoffmann aufgrund ihrer Einkommensverhältnisse eine Arbeitnehmersparzulage erhalten.

Aufgabe 8 (2 Punkte)

Die Eheleute Hoffmann möchten wissen, ob die vermögenswirksamen Leistungen lohnsteuer- und sozialversicherungspflichtig sind. Wie beraten Sie die Kunden richtig?

A Vermögenswirksame Leistungen unterliegen nicht der Einkommensteuer und sind auch nicht sozialversicherungspflichtig.

B Vermögenswirksame Leistungen sind nur lohnsteuer- und sozialversicherungspflichtig, wenn Frau Hoffmann ein Gehalt über der Einkommensgrenze von 40.000,00 EUR bezieht.

C Vermögenswirksame Leistungen sind lohnsteuer- und sozialversicherungspflichtig.

D Vermögenswirksame Leistungen sind arbeitsrechtlich Bestandteil des Lohnes bzw. des Gehaltes und unterliegen damit nur der Sozialversicherungspflicht.

E Vermögenswirksame Leistungen sind steuerlich betrachtet Erträge im Sinne der Abgabenordnung und sind daher nur abgeltungssteuerpflichtig.

☐

Aufgabe 9 (3 Punkte)

Die Eheleute möchten von Ihnen noch wissen, bei welchen Stellen sie die Arbeitnehmer-Sparzulage sowie die Wohnungsbau-Prämie beantragen können, wenn sie die gesetzlichen Förderungsvoraussetzungen erfüllen.

Staatliche Sparförderungen

1 Arbeitnehmer-Sparzulage

2 Wohnungsbauprämie

Stellen

A Arbeitgeber

B Bundeszentralamt für Steuern

C Bausparkasse

D Kontoführendes Kreditinstitut

E Wohnsitzfinanzamt

F Einwohnermeldeamt (Lohnsteuerstelle)

G Bundesfinanzministerium

1	2

Situation

Karin Zöllner ist Kundin der Nordbank AG in Norderstedt. Frau Zöllner ist 47 Jahre alt, ledig. Frau Zöllner ist Prokuristin einem bekannten Hamburger Möbelhaus. Die Kundin hatte bei der Nordbank am Dienstag, 25.01. ein Sparkonto mit folgenden Konditionen eröffnet und 28.000,00 EUR eingezahlt.

Anlageart	Spareinlage
Kündigungsfrist	3 Monate
Verzinsung	0,2 % p.a.
Vorfälligkeitsentgelt	ein Viertel des zu vergütenden Guthabenzinssatzes

Aufgabe 10 (2 Punkte)

Am Dienstag, 23.08. hob Frau Zöllner 1.500,00 EUR von ihrem Sparkonto ab. Weitere Kontobewegungen fanden nicht statt.

Berechnen Sie den Gesamtbetrag der vorzutragenden Zinsen zum Jahresende, der sich aufgrund der beiden Kontobewegungen ergibt.

Aufgabe 11 (2 Punkte)

Frau Zöllner hatte zum 04.11. 5.000,00 EUR fristgerecht gekündigt. Da sie sich ein neues Auto kaufen möchte, bittet Frau Zöllner Sie am 04.11. um die Auszahlung von weiteren 16.300,00 EUR.

Zunächst informieren Sie Frau Zöllner über die vorschusszinsfreie Auszahlung von Spareinlagen.

Welche Aussage über die Auszahlung von Spareinlagen ist richtig?

A Da das Sparbuch ein Inhaberpapier ist, muss der Aussteller auf Verlangen an jeden Vorleger des Sparbuchs Zahlung leisten.

B Der Aussteller des Sparbuchs kann an jeden Vorleger mit schuldbefreiender Wirkung Zahlung leisten, sofern es sich um die versprochene fällige Leistung aus dem Sparguthaben handelt.

C Bei Rückzahlung des Gesamtguthabens kann das nicht entwertete Sparbuch dem Kontoinhaber für weitere Einzahlungen überlassen werden.

D Der Vorleger des Sparbuchs kann ohne vorherige Kündigung gegenüber dem Kreditinstitut auf Auszahlungen in jeder Höhe bestehen, sofern er Vorschusszinsen zahlt.

E Auszahlungen von 2.000,00 EUR pro Monat können auch ohne Vorlage des Sparbuches an den Sparer vorgenommen werden.

☐

Aufgabe 12 (2 Punkte)

Frau Zöllner fragt Sie jetzt wegen der sofortigen Verfügung über den zusätzlichen Spareinlagenbetrag von 18.300,00 EUR nach der Höhe der anfallenden Vorschusszinsen (Vorfälligkeitsentgelt).

Berechnen Sie die Höhe des Vorfälligkeitsentgelts!

3. Fall: Ratenkredit *(24 Punkte)*

Situation

Joachim Bartel (35 Jahre alt) aus Elmshorn hat bei der Nordbank AG Elmshorn einen Kreditantrag über 26.000 EUR zur Finanzierung eines Wohnmobils gestellt.

Herr Bartels legt Ihnen zu Beginn des Gespräches folgendes Angebot über ein Wohnmobil vor.

Angebot Wohnmobil "Hörner" Vorführwagen

Erstzulassung (Monat/Jahr)	6/2025
Kilometer	147 km
Leistung	85 KW
Preis	27.000,00 EUR
TÜV (Monat/Jahr)	6/2028

An eigenen Mitteln sind 11.000 EUR vorhanden. Herr Bartel möchte den Kredit innerhalb von vier Jahren zurückzahlen. Er lebt mit seiner Lebensgefährtin Brigitte Pächer seit fünf Jahren zusammen, sie haben zusammen zwei Kinder (drei und vier Jahre alt). Herr Bartel ist Versicherungsangestellter, das monatliche Nettoeinkommen in seinem Haushalt gibt er mit 3.600 EUR an. Als Durchschnittsausgaben führt er die nachstehenden Positionen an:

Gesamtmiete einschließlich Nebenkosten	870,00 EUR-
Kosten für Pkw (Benzin, Versicherung, Steuern)	300,00 EUR-
Lebenshaltungskosten	520,00 EUR
Sonstige laufende Ausgaben (Versicherungen, Bausparen)	200,00 EUR
Rücklage für Urlaub	260,00 EUR

Zur Sicherung des Kredits für den Fall der Verschlechterung seiner Einkommensverhältnisse bietet Herr Bartel die nachstehenden Sicherheiten an:

Ein Festgeldkonto seiner Lebensgefährtin Brigitte Pächer, Guthaben gemäß letztem Kontostand 5.500 EUR. Das Festgeldkonto wird bei der NordHypo AG Elmshorn geführt. Ein kürzlich bei der Bauspar AG abgeschlossener Bausparvertrag über 125.000 EUR, aktueller Kontostand 705,58 EUR.

Kriterien der Nordbank AG für die Kreditwürdigkeitsprüfung bei privaten Konsumentenkrediten

Bei Spar- und Festgeldeinlagen setzt die Nordbank 100 % als Beleihungssatz an. Bei Fahrzeugen aller Art legt die Nordbank einen Beleihungssatz von 30 % des Beleihungswertes zugrunde.

Bei den monatlichen Haushaltsausgaben geht die Nordbank AG von einem Bedarfssatz von 400 EUR für jeden Erwachsenen und 150 EUR je Kind aus.

Für unvorhersehbare Ausgaben sowie Rücklagen für den Urlaub werden 30 % vom frei verfügbaren Einkommen angesetzt.

Die Nordbank AG verlangt bei Ratenkrediten ab 20.000 EUR eine Restschuldversicherung, für die bei einer Laufzeit von vier bis sechs Jahren 150 EUR angesetzt wird.

Für Ratenkredite berechnet die Nordbank AG zur Zeit 4,99 % pro Jahr.

Aufgabe 1 (3 Punkte)

Stellen Sie das frei verfügbare Einkommen des Haushalts Bartel/Pächer fest. Berücksichtigen Sie dabei die Kriterien der Nordbank AG zur Kreditwürdigkeitsprüfung.

Aufgabe 2 (2 Punkte)

Welche der nachfolgenden Aussagen zur Prüfung der Kreditwürdigkeit treffen zu?

A Sie ermitteln die materielle Kreditwürdigkeit, indem Sie sich über den beruflichen Werdegang des Kreditnehmers informieren.

B Im Rahmen der persönlichen Kreditwürdigkeitsprüfung stellen Sie fest, ob der Kreditnehmer voll geschäftsfähig ist.

C Zur Beurteilung der persönlichen Kreditwürdigkeit benötigen Sie u. a. Angaben zum beruflichen Werdegang des Kreditnehmers.

D Bei der Beurteilung der persönlichen Kreditwürdigkeit wird auch die Dauer des derzeitigen Arbeitsverhältnisses des Kreditnehmers berücksichtigt.

E Zur Feststellung der persönlichen Kreditwürdigkeit informieren Sie sich über die Höhe des Gehalts des Kreditnehmers.

F Eine Meldung der SCHUFA über bereits getilgte Kredite wirkt sich positiv auf die materielle Kreditwürdigkeit des Kreditnehmers aus.

☐ ☐

Aufgabe 3 (3 Punkte)

Herr Bartel möchte den Kredit in vier Jahren zurückgezahlt haben. Gehen Sie dabei von einem Nettodarlehensbetrag von 26.670 EUR. Ermitteln Sie die erste monatliche Rate von Herrn Bartel und prüfen Sie, ob der Kredit in der von Herrn Bartel vorgesehenen Laufzeit zurückgezahlt werden kann.

Aufgabe 4 (2 Punkte)

Die Nordbank möchte auf eine Sicherung des Darlehens nicht verzichten. Sie möchte das Wohnmobil mit Hilfe einer Sicherungsübereignung als Sicherheit nutzen.

Welchen Sicherungswert hat das Wohnmobil, wenn es nach den Kriterien der Nordbank AG bewertet wird?

Aufgabe 5 (2 Punkte)

Nennen Sie zwei Unterlagen, die Sie sich aufgrund der Besicherung von Herrn Bartel vorlegen lassen müssen.

Aufgabe 6 (4 Punkte)

Welche Vereinbarungen treffen Sie mit Herrn Bartel in Zusammenhang mit dem Festgeld als Sicherheit, um auch während der Kreditlaufzeit ausreichend gesichert zu sein?

Aufgabe 7 (2 Punkte)

Welche Aussage kann der Sicherungsübereignung als Möglichkeit der Kreditsicherung zugeordnet werden?

A Für die Rechtswirksamkeit ist vor allem eine ausreichende Individualisierung der übereigneten Gegenstände erforderlich.

B Im Vertrag muss die Mitteilung an eine Evidenzstelle vereinbart werden.

C Der Kreditnehmer bleibt auch nach Übergabe der Sache Eigentümer.

D Für den Gläubiger besteht eine Gefahr darin, dass diese Art der Kreditsicherung nach außen nicht erkennbar gemacht wird.

E Zum Zwecke der Kreditsicherung muss der Gegenstand beim Schuldner von anderen Gegenständen räumlich abgesondert werden.

☐

Aufgabe 8 (2 Punkte)

Sie empfehlen Herrn Bartel den Abschluss einer Restschuldversicherung.

Welche der folgenden Aussagen zu den Leistungen einer Restschuldversicherung ist zutreffend?

A Die verbleibenden Raten eines Verbraucherdarlehens werden durch die Restschuldversicherung bezahlt, sobald der Kreditnehmer mit den Rückzahlungen mit mindestens zwei aufeinander folgenden Raten in Verzug ist.

B Das kreditgebende Institut erhält den noch ausstehenden Darlehensbetrag aus der Versicherung, wenn der Kreditnehmer während der Darlehenslaufzeit erwerbsunfähig wird.

C Wird das Darlehen durch das kreditgebende Kreditinstitut fällig gestellt und reicht eine im Vertrag vereinbarte Sicherheit bei der Verwertung nicht aus, so wird der Differenzbetrag durch die Restschuldversicherung getragen.

D Die Verbindlichkeiten werden durch die Restschuldversicherung abgedeckt, wenn der Kreditnehmer eine Verbraucherinsolvenz beantragt hat.

E Mit der Restschuldversicherung werden während der Kreditlaufzeit Kapitalbeträge angespart, mit dem das Darlehen am Ende der Laufzeit in einer Summe abgelöst wird.

☐

Aufgabe 9 (2 Punkte)

Sie erstellen nun eine unterschriftsreife Ausfertigung des Darlehensvertrages und weisen Herrn Bartels darauf hin, dass es sich hierbei um einen Verbraucherdarlehensvertrag gemäß BGB handelt.

Nennen Sie vier Angaben, die der Vertrag enthalten muss.

Aufgabe 10 (2 Punkte)

Herr Bartels unterschreibt die Widerrufsbelehrung und den Darlehensvertrag.

Nennen Sie die vorgeschriebene Form für den Widerruf und die Frist, innerhalb derer Herr Bartels diesen Darlehensvertrag nach den Vorschriften des BGB widerrufen kann.

PRÜFUNGSSATZ II

W. Grundmann, *Abschlussprüfung Teil I*, Prüfungstraining für Bankkaufleute,
https://doi.org/10.1007/978-3-658-51639-0_2

Prüfungssatz II

Bearbeitungszeit: 90 Minuten, 100 Punkte

Lösungen ab Seite 145

1. Fall: Gemeinschaftskonto *(35 Punkte)*

Situation

Frau Marianne Tomacek ist Kundenberaterin der Nordbank AG. Heute kommt ihre Kundin Corinna Schneider, geb. Niklas, mit ihrem Ehemann Mats Schneider in die Nordbank AG und bittet um Beratung. Sie teilt Frau Tomacek mit, dass sie vor kurzem geheiratet hat und möchte deshalb ihre Konten auf ihren neuen Namen umschreiben lassen. Zusätzlich möchte Frau Schneider ihrem Ehemann Vollmacht für ihr Girokonto erteilen lassen. Herr Schneider wickelt seine Bankgeschäfte über die Unionbank AG ab.

Frau Schneider hat bei der Nordbank AG folgende, noch auf Corinna Niklas lautende Konten:

Konten/ Anlagen	EUR	Zusatzinformationen	Zinssatz p. a.
Girokonto	H 957,68	• Dispositionskredit 1.500,00 EUR • Bankkarte lautend auf Corinna Niklas	
Sparkonto	H 3.570,56	• dreimonatige Kündigungsfrist • monatliche Sparrate von 75,00 EUR per Dauerauftrag vom Girokonto	0,10 %
Sparbrief	H 5.000,00	• Vereinbarte Laufzeit: vier Jahre • Fällig in zwei Jahren	0,75 %

Der Nordbank AG liegt ein Freistellungsauftrag für Corinna Niklas in Höhe von 1.000,00 EUR vor.

Aufgabe 1 (2 Punkte)

Welche Dokumente benötigt Frau Tomacek zur Umschreibung der Konten auf den Namen „Corinna Schneider"?

Aufgabe 2 (2 Punkte)

Im Rahmen des Beratungsgesprächs teilen die Eheleute Schneider Frau Tomacek mit, dass sie zukünftig gemeinsam zur Einkommensteuer veranlagt werden.

Welche Maßnahmen muss Frau Tomacek bezüglich des Freistellungsauftrags von Frau Schneider veranlassen?

Aufgabe 3 (2 Punkte)

Herr Schneider fragt Frau Tomacek, ob er im Rahmen seiner Kontovollmacht auch einen höheren Kreditrahmen bei der Nordbank AG beantragen kann. Kann Frau Tomacek in diesem Fall den Kreditrahmen erhöhen? Begründen Sie Ihre Entscheidung.

Aufgabe 4 (2 Punkte)

Frau Schneider legt jeweils eine Münzrolle der Münzwerte 0,01 EUR, 0,02 EUR, 0,05 EUR, 0,10 EUR, 0,20 EUR, 0,50 EUR, 1,00 EUR und 2,00 EUR zur Gutschrift auf ihr Girokonto vor. Ermitteln Sie den Gegenwert, den Frau Schneider auf ihr Konto gutgeschrieben bekommt.

☐☐☐,☐☐

Aufgabe 5 (2 Punkte)

Das Ehepaar Schneider hatte wegen der neuen familiären Situation eine 3-Zimmer-Wohnung von der Wohnungsgesellschaft Schaum GmbH angemietet. Die Miete soll 1.200,00 EUR monatlich kosten. Als Sicherheit verlangt die Wohnungsgesellschaft eine Mietkaution, die die Wohnungsgesellschaft auf einem Mietkautionskonto zinsbringend verwahren will.

Welche der folgenden Aussagen zu diesem Mietkautionskonto sind zutreffend?

A Die Mietkaution wird von der Wohnungsgesellschaft verzinslich auf einem Mietkautionskonto angelegt. Das Kreditinstitut der Wohnungsgesellschaft verzichtet auf sein AGB-Pfandrecht.

B Aufgrund der Verpfändung des Guthabens wird die Wohnungsgesellschaft Schaum GmbH neue Gläubigerin der Einlage.

C Die Laufzeit der Anlage auf dem Mietkautionskonto entspricht der Laufzeit des neuen Mietvertrags vom Ehepaar Schneider.

D Das Ehepaar Schneider kann über das Mietkautionskonto weiterhin verfügen, um damit anfallende Nebenkosten für seine neue Wohnung zu begleichen.

E Bei Mietrückständen kann die Wohnungsgesellschaft Schaum GmbH ihre fällige Mietforderung durch sofortigen Rückgriff auf das Mietkautionskonto durchsetzen.

F Da es sich um ein Mietkautionskonto der Wohnungsgesellschaft Schaum GmbH handelt, auf dem die Mietkaution des Ehepaares Schneider verwahrt wird, kann für dieses Konto kein Freistellungsauftrag erteilt werden.

☐ ☐

Aufgabe 6 (4 Punkte)

Herr Schneider bittet Frau Tomacek um Informationen, wo er sich über die Konditionen der Nordbank AG im Privatkundengeschäft informieren kann. Frau Tomacek weist Herrn Schneider auf den Preisaushang und das Preis-/Leistungsverzeichnis der Nordbank AG hin.

Beschreiben Sie Herrn Schneider den inhaltlichen Unterschied zwischen dem Preisaushang und dem Preis-/Leistungsverzeichnis!

Aufgabe 7 (2 Punkte)

Für den Vater von Frau Schneider, Herr Kurt Niklas, wurde altersbedingt Frau Schneider als Betreuerin für den Bereich Vermögenssorge vom Amtsgericht Norderstedt bestellt. Ein Einwilligungsvorbehalt wurde nicht angeordnet. Welche der untenstehenden Aussagen sind in diesem Zusammenhang zutreffend?

A Frau Schneider ist als Betreuerin berechtigt, auf den Namen ihres Vaters Kurt Niklas Konten eröffnen zu lassen, da sie die Stellung eines gesetzlichen Vertreters hat.

B Willenserklärungen von Kurt Niklas sind schwebend unwirksam, da er durch die Anordnung der Betreuung einer beschränkt geschäftsfähigen Person gleichgestellt wurde.

C Willenserklärungen von Kurt Niklas sind zunächst wirksam, können aber durch Frau Schneider als Betreuerin angefochten werden, wenn er offenkundig zu seinem Schaden gehandelt hat.

D Frau Schneider darf täglich nur bis zu 1.000,00 EUR über das Kontoguthaben von Herrn Niklas verfügen.

E Frau Schneider benötigt als Betreuerin zur Eröffnung von Konten auf den Namen von Kurt Niklas die Zustimmung ihres Vaters, da es sich hierbei um ein außergewöhnliches Rechtsgeschäft handelt.

F Geldanlagen von Frau Schneider im Namen ihres Vaters müssen verzinslich und mündelsicher angelegt werden.

☐ ☐

Aufgabe 8 (4 Punkte)

Frau Schneider hatte bisher das Onlinebanking der Nordbank AG nicht genutzt. Da Herr Schneider mit dem Onlinebanking seiner Bank zufrieden ist, möchte auch Frau Schneider in Zukunft das Onlinebanking der Nordbank AG nutzen.

Welche Vorteile bietet das Onlinebanking gegenüber der herkömmlichen Abwicklung von Bankgeschäften? Nennen Sie vier Vorteile!

Aufgabe 9 (3 Punkte)

Frau Schneider möchte ihren Dauerauftrag von 75,00 EUR auf 125,00 EUR zugunsten ihres Sparkontos erhöhen.

Beschreiben Sie drei Arbeitsschritte, die Frau Schneider bezüglich der Änderung des Dauerauftrags beim Onlinebanking vornehmen muss.

Aufgabe 10 (2 Punkte)

Der Kassiererin der Nordbank AG Anja Thiede fällt bei einer Einzahlung von Frau Schneider auf ihr Girokonto ein 50,00 EUR-Schein auf, der möglicherweise gefälscht sein könnte. Wie verhält sich Frau Thiede richtig?

A Frau Thiede hat die 50,00 EUR-Banknote anzuhalten und Frau Schneider im Austausch eine andere, nicht gefälschte Banknote auszuhändigen.

B Der Betrag wird dem Girokonto von Frau Schneider bis zur endgültigen Klärung des Sachverhalts unter Vorbehalt gutgeschrieben.

C Frau Thiede hält die Personalien von Frau Schneider fest und gibt die Banknote an sie zurück, mit dem Hinweis, dass die Banknote wahrscheinlich gefälscht ist.

D Frau Thiede muss die als Falschgeld verdächtige Banknote unverzüglich der Deutschen Bundesbank zur Überprüfung weiterleiten.

E Die Nordbank AG hat die verdächtige Banknote mit einem Bericht der Polizei zu übersenden und die Deutsche Bundesbank über diesen Vorgang zu informieren.

☐

Aufgabe 11 (2 Punkte)

Frau Schneider möchte die Miete für ihre neue Wohnung per SEPA-Basislastschriftverfahren von ihrem Konto einziehen lassen.

Bringen Sie die folgenden Schritte beim Ablauf des SEPA-Basis-Lastschriftverfahrens in die richtige Reihenfolge.

A Vorlage der Lastschrift bei der Zahlstelle
B Zahlungsverrechnung zwischen der 1. Inkassostelle und der Zahlstelle
C Unterschriebenes Lastschriftmandat geht an den Zahlungsempfänger
D Vorabinformation des Zahlungspflichtigen
E Inkassovereinbarung zwischen dem Zahlungsempfänger und der 1. Inkassostelle
F Kontobelastung des Zahlungspflichtigen
G Einreichung der Lastschrift bei der 1. Inkassostelle

1	2	3	4	5	6	7

Aufgabe 12 (2 Punkte)

Beschreiben Sie Frau Schneider, wie die IBAN (International Bank Account Number) für Deutschland zusammengesetzt ist. Welche Aussage trifft zu?

A Die IBAN für Deutschland hat 32 Stellen, beginnend mit einer Prüfziffer, gefolgt vom Länderkennzeichen und daran anschließend die bisherige Kontonummer.
B Die IBAN für Deutschland hat 20 Stellen, beginnend mit dem Länderkennzeichen, gefolgt von einer zweistelligen Prüfziffer und daran anschließend Bank- und Kontoidentifikation, bestehend aus Bankleitzahl und Kontonummer, ggf. mit führenden Nullen.
C Die IBAN für Deutschland hat 22 Stellen, beginnend mit einer Prüfziffer, gefolgt vom Länderkennzeichen und daran anschließend die bisherige Kontonummer und Bankleitzahl, ggf. mit führenden Nullen.
D Die IBAN für Deutschland hat 22 Stellen, beginnend mit dem Länderkennzeichen, gefolgt von einer zweistelligen Prüfziffer und daran anschließend Bank- und Kontoidentifikation, bestehend aus Bankleitzahl und Kontonummer, ggf. mit führenden Nullen.
E Die IBAN für Deutschland hat 24 Stellen, beginnend mit einer Prüfziffer, gefolgt vom Länderkennzeichen und daran anschließend die bisherige Kontonummer und Bankleitzahl, ggf. mit führenden Nullen.

☐

Aufgabe 13 (4 Punkte)

Frau Schneider teilt Frau Tomacek mit, dass sie im nächsten Monat ihre dreiwöchige Hochzeitsreise nach Mauritius antreten werden. Frau Tomacek empfiehlt für die geplante Reise neben der Mitnahme von Bargeld auch die Mitnahme von Kreditkarten. Warum ist die Mitnahme einer Kreditkarte nach Mauritius zweckmäßig? Nennen Sie zwei Aspekte!

Aufgabe 14 (2 Punkte)

Frau Tomacek informiert das Ehepaar über den Umgang mit der Kreditkarte.

Welche Sorgfalts- und Mitwirkungspflichten muss das Ehepaar Schneider bei der Nutzung der Kreditkarte beachten? Nennen Sie zwei Pflichten!

2. Fall: Anlage auf einem Bausparvertrag *(31 Punkte)*

Situation

Rüdiger Schulte (34 Jahre alt) hatte von seinen Eltern einen Bausparvertrag geerbt. Auf Anfrage teilte ihm die Bauspar AG am 30. September 2025 folgende Daten mit:

Bausparübersicht

Bausparsumme	60.000,00 EUR
Bausparguthaben einschließlich Zinsen	23.995,00 EUR
Sparzinssatz	0,10 % p. a.
Darlehenszinssatz	2,0 % p. a.
Mindestansparsumme	40 %
Mindestlaufzeit	18 Monate
Regelsparbeitrag	3 ‰ der Bausparsumme pro Monat
Leistung nach Valutierung	6 ‰ der Bausparsumme pro Monat
Zuteilung	01. Juli 2026
Vertragsabschluss	16. Mai 2019

Da Herr Schulte die Informationen aus der Übersicht nicht richtig versteht, wendet er sich an Sie als Kundenberater/in, da Sie in der Kundenberatung bei der Nordbank AG beschäftigt sind.

Aufgabe 1 (2 Punkte)

Sie erläutern Herrn Schulte die Bestandteile des Bausparvertrags. Wie informieren Sie Herrn Schulte richtig? Kreuzen Sie die richtige Lösung an.

A Bei Abschluss eines Bausparvertrags verpflichtet sich ein Bausparer zur Inanspruchnahme des Bauspardarlehens. wenn die Zuteilung durch die Nordbank AG erfolgt.

B Bei Aufnahme des Bauspardarlehens muss der Bausparer keine Sicherheiten mehr stellen, da bei Bausparverträgen die Stellung von Sicherheiten wegen des vorhandenen Bausparguthabens eine zusätzliche Sicherheit nicht mehr notwendig ist.

C Die Höhe der Abschlussgebühr, die dem Bausparer berechnet wird, ist nicht Bestandteil des Bausparvertrags.

D Nach Abschluss des Bausparvertrags kann der Bausparer im Rahmen des von ihm gewählten Tarifs durch eine Verkürzung der Ansparphase die Höhe des Darlehenszinssatzes beeinflussen.

E Bei Abschluss eines Bausparvertrags wird der Zinssatz für die Ansparzeit und der Zinssatz für das Bauspardarlehen und die Voraussetzungen für die Auszahlung der Bausparsumme entsprechend eines Tarifs mit dem Bausparer vereinbart.

☐

Aufgabe 2 (3 Punkte)

Herr Schulte möchte nun Informationen von Ihnen über die Vorteile eines Bausparvertrags. Erklären Sie Herrn Schulte zwei Vorteile eines Bausparvertrages.

Aufgabe 3 (2 Punkte)

Was bedeutet die Inanspruchnahme der „Zuteilung“ des Bausparvertrags für Herrn Schulte?

Aufgabe 4 (4 Punkte)

Welche zusätzlichen Voraussetzungen muss Herr Schulte erfüllen, um die Zuteilung zu bekommen? Nennen Sie vier Voraussetzungen.

Aufgabe 5 (4 Punkte)

Prüfen Sie unter Angabe des Rechenweges, ob Herr Schulte die Regelsparbeiträge weiter leisten muss, um bis zum 01. Juli 2026 die Mindestansparsumme erreicht zu haben. Begründen Sie Ihre Entscheidung.

Aufgabe 6 (3 Punkte)

Im Mai 2026 kommt Herr Schulte zu einem weiteren Beratungsgespräch in die Nordbank AG. Er teilt Ihnen mit, dass er beabsichtigt eine Eigentumswohnung zu erwerben. Die Eigentumswohnung wurde ihm von der Nordimmobilien GmbH angeboten. Die gesamten Erwerbskosten sollen sich auf 180.000,00 EUR belaufen. Das Angebot der Nordimmobilien GmbH ist auf Ende Juli 2026 befristet.

Herr Schulte stehen Eigenmittel in Höhe von 20.000,00 EUR zur Verfügung. Einen Teil der Eigentumsfinanzierung möchte Herr Schulte über seinen Bausparvertrag finanzieren.

Berechnen Sie die monatliche Belastung für Herrn Schulte nach erfolgter Zuteilung der Bausparsumme durch die Bauspar AG.

☐☐☐,☐☐

Aufgabe 7 (4 Punkte)

Stellen Sie fest, für welche beiden der folgenden Zwecke Herr Schulte ein Bauspardarlehen nicht verwenden darf.

A Finanzierung eines Wohnmobils
B Renovierung einer gemieteten Wohnung
C Kauf einer Ferienwohnung im Ausland
D Finanzierung einer Lagerhalle zur Gründung einer Kfz-Werkstatt
E Rückzahlung eines Hypothekendarlehens
F Finanzierung eines Einfamilienhauses

☐ ☐

Aufgabe 8 (2 Punkte)

Herr Schulte hat noch mehrere Sparbücher mit einem Gesamtbetrag von 27.500,00 EUR bei der Nordbank AG geerbt. In einer Wirtschaftszeitschrift hat Herr Schulte gelesen, dass Festgeldanlagen besser verzinst werden als Spareinlagen. Aus diesem Grund möchte er von Ihnen beraten werden.

Wie beraten Sie Herrn Schulte hinsichtlich der Anlagedauer von Festgeldanlagen richtig?

A Festgelder haben eine feste Laufzeit von mindestens zwei Wochen oder ein Vielfaches davon.

B Über Festgelder kann jederzeit täglich verfügt werden. Ihre Laufzeit beträgt zwischen 30 und 180 Tagen.

C Festgelder haben in der Regel eine Mindestlaufzeit von 30 Tagen. Darüber hinaus kann jede andere Laufzeit frei gewählt werden.

D Bei Festgeldern wird eine feste Laufzeit von 30, 60 oder 90 Tagen vereinbart.

E Bei Festgeldern muss gemäß Rechnungslegungsverordnung eine Kündigungsfrist von mindestens 30 Tagen eingehalten werden.

☐

Aufgabe 9 (2 Punkte)

Herr Schulte möchte wissen, unter welcher der nachfolgenden Voraussetzungen er über eine Festgeldanlage wieder verfügen kann.

A Eine Verfügung per Überweisung bei Fälligkeit auf ein anderes Konto muss der Nordbank AG schriftlich mitgeteilt werden.

B Über Festgeldanlagen können nur Firmenkunden bar verfügen.

C Nach Einhaltung der Kündigungssperrfrist kann jederzeit bis zu 2.000,00 EUR über eine Festgeldanlage verfügt werden.

D Über Festgeldanlagen kann während des Festlegungszeitraums grundsätzlich nicht verfügt werden.

E Verfügungen während der Laufzeit sind für Privatkunden jederzeit täglich zulässig.

☐

Aufgabe 10 (5 Punkte)

Die Nordbank AG führt für Herrn Schulte ein Sparkonto mit vereinbarter Kündigungsfrist von drei Monaten. Ermitteln Sie die Höhe des Saldovortrages für das Jahr 2026! Berücksichtigen Sie die folgenden Daten:

Zinssatz: 0,30 % p. a.

Ein Freistellungsauftrag liegt in ausreichender Höhe vor.

Wert	Text	Einzahlung	Saldo	Zinstage	Zinsen
31.12.2025	Saldovortrag		5.500,00		
18.04.2026		2.400,00	7.900,00		

Ermitteln Sie die Höhe des Saldovortrages für das neue Jahr (mit Rechenweg)

3. Fall: Allgemeinverbraucherdarlehen für eine Wohnungseinrichtung *(34 Punkte)*

Situation

Herr Sebastian Schramm (ledig, 32 Jahre, kaufmännischer Angestellter bei der Altheinrich AG) ist Kunde der Nordbank AG in Norderstedt. Herr Schramm benötigt zur Finanzierung einer neuen Wohnungseinrichtung einen Kredit in Höhe von 15.000,00 EUR. Im Norderstedter Anzeiger liest er folgendes Zeitungsinserat:

Nordbank AG Norderstedt
Worauf warten? Erfüllen Sie sich jetzt Ihre Wünsche!
Wir machen Ihnen den Weg frei für Privatdarlehen bis zu 25.000,00 EUR, Laufzeit bis 47 Monate, Zinssatz 8,75 % per annum. Wenden Sie sich an unsere Kundenberater.

Herr Schramm unterhält bei der Nordbank AG ein Privatgirokonto. Wegen seines Kreditwunsches wendet sich Herr Schramm an Sie, da Sie in der Kreditberatung tätig sind und erhält folgende Informationen zum Kreditangebot:

Raten für Darlehen von 7.500 bis 25.000 EUR - Zinssatz 8,75 % p. a.

Darlehen in EUR	30 Monate	36 Monate	42 Monate	47 Monate
	Rate in EUR	Rate in EUR	Rate in EUR	Rate in EUR
10.000,00	380,00	324,00	283,00	258,00
12.500,00	475,00	404,00	354,00	322,00
15.000,00	570,00	485,00	425,00	386,00
20.000,00	760,00	647,00	566,00	515,00
25.000,00	950,00	808,00	708,00	643,00

Aufgabe 1 (6 Punkte)

Sie möchten sich erst einmal ein Bild von der Kreditwürdigkeit von Herrn Schramm machen.

Nennen Sie drei geeignete Quellen bzw. Unterlagen, die Auskünfte über die Kreditwürdigkeit von Herrn Schramm geben können und geben Sie zu jeder Quelle bzw. Unterlage an, welche Informationen Sie hieraus nutzen können.

Aufgabe 2 (4 Punkte)

Sie empfehlen dem Kunden den Abschluss einer Restschuldversicherung.

Im Kreditgespräch mit Herrn Schramm informieren Sie ihn über den Sinn und Zweck einer Restschuldversicherung. Bei Ratenkrediten werden häufig Restschuldversicherungen vereinbart, die den Todesfall und die Arbeitsunfähigkeit absichern sollen. Wie informieren Sie Herrn Schramm über die Restschuldversicherung richtig?

A Die Versicherungsprämie ist während der gesamten Kreditlaufzeit monatlich zu zahlen.

B Versicherungsleistungen aufgrund von Arbeitsunfähigkeit erfolgen nur, wenn die Arbeitsunfähigkeit ärztlich nachgewiesen wurde.

C Der Versicherungsschutz beginnt mit Abschluss des Ratenkredits unabhängig von der Auszahlung des Darlehens.

D Während der Laufzeit des Ratenkredits bleibt das Garantiekapital in voller Höhe bestehen.

E Herr Schramm ist sowohl versicherte Person als auch gleichzeitig Versicherungsnehmer.

F Die Versicherungsleistung in Höhe des Restkredits wird im Todesfall in einer Summe ausgezahlt, bei Arbeitsunfähigkeit in Raten.

☐ ☐

Aufgabe 3 (2 Punkte)

Mit wem kann Herr Schramm eine Restschuldversicherung abschließen?

Aufgabe 4 (2 Punkte)

Herr Schramm verzichtet auf den Abschluss der Restschuldversicherung. Außerdem erklärt er, dass er für die Bedienung des Kredits monatlich nicht mehr als etwa 500,00 EUR aufbringen möchte.

Ermitteln Sie die kürzest mögliche Laufzeit in Monaten für diesen Kredit, die dem Kundenwunsch entspricht.

☐☐

Aufgabe 5 (5 Punkte)

Um die Kapitaldienstfähigkeit von Herrn Schramm beurteilen zu können, benötigen Sie eine Aufstellung über die Haushaltsrechnung. Berechnen Sie unter Berücksichtigung der nachstehenden Informationen das monatlich frei verfügbare Einkommen von Herrn Schramm.

Selbstauskunft von Herrn Schramm	
Sebastian Schramm	32 Jahre alt ledig
Beruf	Kaufmännischer Angestellter
Monatliches Nettogehalt	1.943,65 EUR
Girokonto	Saldo H 1.110,45 EUR
Sparkonto	Dreimonatige Kündigungsfrist Saldo 550,00 EUR
Miete (Wohnung 50 qm) monatlich kalt	480,00 EUR
Monatliche Kraftfahrzeugkosten	200,00 EUR

Tabelle der Haushaltspauschalen der Nordbank AG (Auszug) **Die Pauschalen sind Mindestbeträge.**		
Monatliches Haushaltsnettoeinkommen des Antragstellers in EUR	1 Person EUR	2 Personen EUR
ab 1.250,00	400,00	620,00
ab 1.500,00	460,00	680,00
ab 1.750,00	520,00	740,00
ab 2.000,00	580,00	800,00
ab 2.250,00	690,00	910,00

Folgende Positionen sind in den Haushaltspauschalen nicht inbegriffen:
Miete, Nebenkosten (Gas, Strom, Wasser, Grundabgaben etc.; mindestens 2,50 EUR je Monat je qm Wohnfläche)

☐☐☐,☐☐

Aufgabe 6 (3 Punkte)

Entscheiden Sie, ob Herr Schramm den Kredit von der Nordbank AG erhalten kann, und begründen Sie Ihre Entscheidung.

Aufgabe 7 (4 Punkte)

Die Nordbank AG ist nach Prüfung der persönlichen und materiellen Kreditwürdigkeit bereit, den Kredit zu gewähren. Sie verlangt jedoch eine werthaltige Besicherung.

Welche Sicherheiten kommen im vorliegenden Fall in Betracht? Nennen Sie zwei geeignete Sicherheiten. Ordnen Sie einer Sicherheit ein denkbares Risiko zu. Erläutern Sie kurz, was die Nordbank AG unternehmen kann, um das Risiko zu mindern.

Aufgabe 8 (4 Punkte)

Vor Abschluss des Kreditvertrages informieren Sie Herrn Schramm über sein Widerrufsrecht gemäß BGB. Welche der folgenden Aussagen sind in diesem Zusammenhang zutreffend?

A Herr Schramm kann nach erfolgter Auszahlung des Darlehens den Vertrag nur rückgängig machen, wenn er innerhalb von zwei Wochen nach erfolgter rechtswirksamer Widerrufsbelehrung der Nordbank AG z. B. den Widerruf in einer E-Mail mitteilt und den Kreditbetrag binnen 30 Tagen nach Absendung des Widerrufs zurückzahlt.

B Die Widerrufsbelehrung erfolgt in der Regel mündlich. Aus Beweisgründen ist es aber ratsam, zusätzlich dem Kunden über sein Widerrufsrecht in einem ausführlichen Gespräch vor dem Abschluss des Kreditvertrags zu informieren.

C Die Widerrufsbelehrung kann schriftlich erfolgen und ist Bestandteil des Kreditvertrages. Mit der Unterzeichnung des Kreditvertrages bestätigt Herr Schramm gleichzeitig auch die Widerrufsbelehrung.

D Sollte Herr Schramm den Kredit doch nicht aufnehmen wollen, kann er nach Abschluss des Kreditvertrages noch sechs Wochen danach den Kreditvertrag schriftlich widerrufen.

E Vor dem Abschluss eines Darlehensvertrags ist Herr Schramm in Textform nach einem gesetzlich vorgeschriebenen Muster über sein Widerrufsrecht zu informieren.

F Der Kreditbetrag muss vier Wochen nach rechtswirksamer Widerrufsbelehrung zurückgezahlt sein, sonst gilt der Widerruf als nicht erfolgt.

☐ ☐

Aufgabe 9 (4 Punkte)

Nach zwei Jahren wird Herr Schramm arbeitslos. Er kann seinen laufenden Ratenzahlungen nicht mehr nachkommen und stellt die Zahlungen ein. Zu einem von der Nordbank AG vorgeschlagenen Gesprächstermin erscheint Herr Schramm nicht. Auch telefonisch ist Herr Schramm nicht mehr erreichbar. Das Darlehen wird deshalb von der Nordbank AG Gesamtfällig gestellt und es kommt danach zu einer Verwertung der Sicherheiten.

Der Erlös aus der Verwertung der gestellten Sicherheiten reicht nicht aus, um die Forderungen der Nordbank AG zu decken. Die Nordbank AG beantragt daraufhin einen Mahnbescheid und anschließend einen Vollstreckungsbescheid. Welche der folgenden Aussagen sind in diesem Zusammenhang richtig?

A Unabhängig von der Forderungshöhe ist der Mahn- und Vollstreckungsbescheid bei dem Amtsgericht, in dessen Bezirk der Antragsteller seinen Sitz hat, zu beantragen.

B Erhebt Herr Schramm gegen den Mahnbescheid Widerspruch, so kann die Nordbank AG einen Vollstreckungsbescheid beantragen.

C Die Nordbank AG erlangt mit Antragstellung des Vollstreckungsbescheids einen vollstreckbaren Titel.

D Mit Beantragung eines Vollstreckungsbescheids wird ein Gerichtsvollzieher beauftragt, dem Arbeitgeber von Herrn Schramm einen Pfändungs- und Überweisungsbeschluss zuzusenden.

E Durch Beantragung eines Vollstreckungsbescheids wird Herr Schramm verpflichtet, eine Vermögensauskunft abzugeben.

F Wenn Herr Schramm einen fristgerechten Widerspruch gegen den Mahnbescheid erhebt, kann kein Vollstreckungsbescheid mehr ergehen. Die Nordbank AG muss dann einen Antrag auf Durchführung eines streitigen Verfahrens vor dem zuständigen Gericht stellen.

☐ ☐

PRÜFUNGSSATZ III

W. Grundmann, *Abschlussprüfung Teil I*, Prüfungstraining für Bankkaufleute,
https://doi.org/10.1007/978-3-658-51639-0_3

Prüfungssatz III

Bearbeitungszeit: 90 Minuten, 100 Punkte

Lösungen ab Seite 153

1. Fall: SEPA-Firmen-Lastschrift *(37 Punkte)*

Situation

Sie sind Kundenberater(in) bei der Nordbank AG. Für Ihre Firmenkundin Plambeck GmbH führen Sie ein Kontokorrentkonto. Die Plambeck GmbH ist ein Baumarkt für Handwerker und Heimwerker. Das Unternehmen steht in Geschäftsverbindung mit vielen Kunden, die regelmäßig Einkäufe bei der Plambeck GmbH tätigen. Die gewerblichen Kunden kaufen auf Rechnung; die privaten Kunden zahlen ihre Einkäufe überwiegend mit Bankkarten oder in bar. Mit Herrn Walter Roland, dem alleinigen Geschäftsführer der Plambeck GmbH, haben Sie für heute einen Beratungstermin vereinbart. Herr Roland möchte, dass seine Angestellte Frau Hochstädter regelmäßig die Bareinnahmen auf das Konto der Plambeck GmbH einzahlen kann.

Aufgabe 1 (3 Punkte)

Beschreiben Sie Herrn Roland, wie bei Frau Hochstädter die „erleichterte Identifizierung" vorgenommen werden könnte und welche zwei Voraussetzungen hierfür erfüllt sein müssen.

Aufgabe 2 (2 Punkte)

Die Überwachung der Zahlungseingänge der Kunden, die auf Rechnung kaufen, ist bisher sehr arbeitsaufwändig. Sie empfehlen Herrn Roland daher, seine Forderungen mittels SEPA-Lastschriften einzuziehen.

Von der Umstellung auf das SEPA-Lastschriftverfahren erwartet die Plambeck GmbH nun mehrere Vorteile. Welche der folgenden Vorteile treffen in diesem Zusammenhang zu?

A Nach der Umstellung auf das SEPA-Lastschriftverfahren hat die Buchhaltung der Plambeck GmbH Arbeitserleichterungen bei der Kontrolle der Zahlungseingänge.

B Mahnschreiben für säumige Kunden entfallen zukünftig, da bei allen Kunden aufgrund der eingereichten SEPA-Lastschriften die fälligen Forderungen jetzt von der GmbH eingezogen werden.

C Auch wenn von einem Kunden keine schriftliche Einzugsermächtigung (SEPA-Lastschriftmandat) vorliegt, kann die GmbH per SEPA-Lastschrift eine fällige Forderung bis zu 50,00 EUR einziehen, da es sich um eine sog. Bagatelllastschrift handelt.

D Die Umstellung auf das SEPA-Lastschriftverfahren bedeutet pünktliche Zahlungseingänge, da die Plambeck GmbH selbst den Zeitpunkt der Zahlung bestimmen kann.

E Sollte die SEPA-Lastschrift mangels Deckung zurückkommen, so wird die Lastschrift noch einmal von der Nordbank AG erneut zum Einzug gebracht.

F Über die Gesamtgutschrift eingereichter Lastschriften kann die Plambeck GmbH sofort in voller Höhe verfügen, da SEPA-Lastschriften in Verbindung mit einem Lastschriftmandat von den Zahlungspflichtigen nicht zurückgegeben werden können.

☐ ☐

Aufgabe 3 (3 Punkte)

Beim SEPA-Lastschriftverfahren wird zwischen der SEPA-Basis-Lastschrift und der SEPA-Firmen-Lastschrift unterschieden.

Im SEPA-Basis-Lastschriftverfahren werden hauptsächlich wiederkehrende Zahlungen eingezogen, während im SEPA-Firmen-Lastschriftverfahren hauptsächlich Forderungen aus Kaufverträgen zwischen Wirtschaftsunternehmen eingezogen werden. Welche der nachstehenden Aussagen treffen auf das SEPA-Firmen-Lastschriftverfahren zu?

A Bei diesem Verfahren ist Widerspruch gegen eine erfolgte Belastung möglich.

B Bei diesem Verfahren liegt dem Zahlungsempfänger ein gültiges schriftliches Lastschriftmandat des Zahlungspflichtigen vor. Der Zahlungspflichtige kann binnen einer Frist von acht Wochen ab Belastungsbuchung ohne Angabe von Gründen Erstattung des Lastschriftbetrages verlangen.

C Bei diesem Verfahren erteilt der Zahlungspflichtige der Zahlstelle gegenüber den Einlösungsauftrag.

D Bei diesem Verfahren liegt dem Zahlungspflichtigen ein gültiges schriftliches Lastschriftmandat der 1. Inkassostelle vor. Der Zahlungspflichtige kann binnen einer Frist von dreizehn Monaten ab Belastungsbuchung ohne Angabe von Gründen Erstattung des Lastschriftbetrags verlangen.

E Bei diesem Verfahren ist ein Widerspruch gegen eine erfolgte Belastung ausgeschlossen.

F Bei wiederkehrenden Lastschrifteinlösungen muss die Vorlage der Lastschrift spätestens fünf Geschäftstage vor Fälligkeit bei der Zahlstelle erfolgen.

☐ ☐

Aufgabe 4 (3 Punkte)

Empfehlen Sie Herrn Roland die für ihn zweckmäßige Variante des SEPA-Lastschriftverfahrens und begründen Sie Ihre Entscheidung.

Aufgabe 5 (3 Punkte)

Herr Roland möchte genauer über die weitere Vorgehensweise informiert werden.

Sie erläutern Herrn Roland einen Vorteil der SEPA-Firmen-Lastschrift gegenüber der SEPA-Basis-Lastschrift. Welche Aussage von Ihnen gegenüber Herrn Roland trifft zu?

A „Ihr Kunde kann nach der Erteilung des SEPA-Basis-Lastschriftmandats einer nicht erteilten Abbuchung nicht mehr widersprechen."

B „Die Hausbank Ihres Kunden löst Lastschriften im SEPA-Basis-Lastschriftverfahren in jedem Fall ein, auch wenn nicht genügend Deckung auf dem Konto Ihres Kunden vorhanden ist."

C „Wird eine SEPA-Firmen-Lastschrift ausgelöst, und das Konto des Kunden belastet, obwohl beim Zahlungsempfänger kein Lastschriftmandat vorliegt, kann der Betrag auch nach acht Wochen von der Zahlstelle zurückgerufen werden."

D „Nach der Belastung Ihres Kontos des Zahlungspflichtigen durch die Zahlstelle, ist eine Rücklastschrift durch den Zahlungspflichtigen ausgeschlossen."

E „Für Schäden, die Ihnen durch nicht eingelöste SEPA-Lastschriften entstehen, haftet stets die Bank Ihres Kunden."

☐

Aufgabe 6 (4 Punkte)

Erläutern Sie Herrn Roland, welche zwei Voraussetzungen erfüllt sein müssen, damit er das von Ihnen empfohlene Verfahren anwenden kann.

Aufgabe 7 (3 Punkte)

Nennen Sie Herrn Roland zwei Verpflichtungen, die der Firma Plambeck GmbH aus der Anwendung dieses Lastschriftverfahrens entstehen.

Aufgabe 8 (4 Punkte)

Nennen Sie Herrn Roland zwei Voraussetzungen, die von der Zahlstelle geprüft werden müssen, bevor sie Lastschriften im Rahmen des SEPA- Firmenlastschriftverfahrens einlöst!

Aufgabe 9 (3 Punkte)

Erläutern Sie Herrn Roland, warum die Nordbank AG für die einzureichenden Lastschriften ein Lastschriftobligo festlegt.

Aufgabe 10 (3 Punkte)

Da auch das Geschäft mit Privatkunden bei der Plambeck GmbH, die ihre Einkäufe mittels Rechnung begleichen wollen, in den letzten Monaten stark zugenommen hatte, kommt es zu einem weiteren Beratungsgespräch mit Herrn Roland. Die Plambeck GmbH möchte ihren Privatkunden zukünftig die Möglichkeit bieten, Rechnungen mittels Lastschriften begleichen zu können.

Im Rahmen dieses Gesprächs empfiehlt die Nordbank AG der Plambeck GmbH den Einzug dieser Rechnungsbeträge mittels SEPA-Basis-Lastschriften.

Welche der nachstehenden Aussagen trifft

A nur auf das SEPA-Basis-Lastschriftverfahren zu?

B nur auf das SEPA-Firmen-Lastschriftverfahren zu?

C auf beide Verfahren zu?

Aussagen

1 Der Zahlungspflichtige erteilt dem Zahlungsempfänger ein SEPA-Lastschriftmandat sowie der Zahlstelle den Zahlungsauftrag, vom Zahlungsempfänger eingereichte SEPA-Lastschriften einzulösen (Doppelmandat).

2 Der Zahlungspflichtige kann binnen einer Frist von acht Wochen ab Belastungsbuchung ohne Angabe von Gründen die Erstattung des Lastschriftbetrags verlangen.

3 Der Zahlungspflichtige kann einer nicht autorisierten Lastschrift widersprechen und erhält unverzüglich Erstattung des Lastschriftbetrags durch die Zahlstelle.

4 Die eingereichten Lastschriften müssen spätestens einen Arbeitstag vor Fälligkeit bei der Zahlstelle vorliegen.

5 Der Zahlungsempfänger muss eine Inkassovereinbarung mit der 1. Inkassostelle treffen.

6 Eine Lastschriftrückgabe durch die Zahlstelle muss bis maximal fünf Arbeitstage nach Belastungsbuchung erfolgen.

1	2	3	4	5	6

Aufgabe 11 (2 Punkte)

Sie erklären Herrn Roland den Ablauf einer SEPA-Basis-Lastschrift. Bringen Sie die folgenden Schritte beim Ablauf des SEPA-Basis-Lastschriftverfahrens in die richtige Reihenfolge.

A Vorlage der Lastschrift bei der Zahlstelle

B Zahlungsverrechnung zwischen der 1. Inkassostelle und der Zahlstelle

C Unterschriebenes Lastschriftmandat geht an den Zahlungsempfänger

D Vorabinformation des Zahlungspflichtigen

E Inkassovereinbarung zwischen dem Zahlungsempfänger und der 1. Inkassostelle

F Kontobelastung des Zahlungspflichtigen

G Einreichung der Lastschrift bei der 1. Inkassostelle durch den Zahlungsempfänger.

1	2	3	4	5	6	7

Aufgabe 12 (2 Punkte)

Da einige Privatkunden der Plambeck GmbH ihre Einkäufe im Baumarkt-Shopcenter noch überwiegend in bar bezahlen, empfehlen Sie Herrn Roland in einem weiteren Beratungsgespräch, seinen Baumarktkunden auch das bargeldlose Bezahlen ihrer Rechnungen mit BankCard oder Kreditkarte anzubieten und sich ein Kartenlesegerät anzuschaffen.

Erläutern Sie Herrn Roland zwei Vorteile, die sich für den Baumarkt ergeben, wenn ein Teil der Kunden ihre Rechnungen mit BankCard oder Kreditkarte statt bar bezahlt!

Aufgabe 13 (2 Punkte)

In einem weiteren Beratungsgespräch mit Herrn Roland, stellen Sie fest, dass Herr Roland nach einer für ihn bequemeren Möglichkeit sucht, die Bankgeschäfte der Plambeck GmbH vom Büro aus abzuwickeln und einen schnelleren Überblick über die Kontobewegungen zu erhalten.

Nennen Sie Herrn Roland ein Produkt, das seinen Wünschen Rechnung trägt, und erläutern Sie ihm dieses an drei Merkmalen.

2. Fall: Geld- und Vermögensanlage *(30 Punkte)*

Situation

Sie sind Kundenberater/-in der Nordbank AG. Leo Wohltmann kommt heute wegen eines Beratungstermins zu Ihnen. Herr Wohltmann hatte vor einigen Wochen das Vermögen seines Vaters geerbt.

Kundenübersicht Leo Wohltmann		
Konto/Depot	Saldo/ aktueller Wert	Anmerkungen
Girokonto 4984381400	H 45.478,28 EUR	Dispositionskredit: 4.000,00 EUR
Sparkonto 4984381405	1.566,67 EUR	dreimonatige Kündigungsfrist, Verwendungszweck: Mietkaution
Sparkonto 4984381406	4.273,56 EUR	dreimonatige Kündigungsfrist
Sparbrief 4995671406	18.456,73 EUR	NW 20.000,00 EUR, abgezinst
Sparbrief 4995671408	40.000,00 EUR	Normalverzinslich, Zinssatz 1 %
VL-Bausparkonto 4984381407	988,50 EUR	monatliche VL-Zahlung 40 EUR
Es liegt ein Freistellungsauftrag über 900,00 EUR vor. Herr Wohltmann ist konfessionslos.		

Im Obligo des Kunden befinden sich auch Sparbriefe.

Aufgabe 1 (2 Punkte)

Welche zwei Aussagen über Sparbriefe sind richtig? Kreuzen Sie an.

A Durch Sparbriefe beschaffte Mittel werden in der Bilanz der Kreditinstitute als Spareinlagen ausgewiesen.

B Bei Sparbriefen sind Einzel- und Sammelsparbriefe zu unterscheiden. Sammelsparbriefe sind Gemeinschaftsurkunden.

C Sparbriefe ermöglichen die Übertragung und den Handel von Spareinlagen auf dem Kapitalmarkt.

D Sparbriefe werden von den Kreditinstituten jederzeit zu täglich veröffentlichten Rücknahmepreisen zurückgenommen.

E Sparbriefe dienen zur Beschaffung mittel- und langfristiger Gelder für das Aktivgeschäft.

F Abgezinste Sparbriefe werden zum Barwert erworben und zum Nennwert zurückgezahlt.

☐ ☐

Aufgabe 2 (5 Punkte)

Ihr Kunde Leo Wohltmann bittet Sie, die zum 30.12.2025 anfallende Zinsgutschrift für den normalverzinslichen Sparbrief zu berechnen. Aus dem vorliegenden Freistellungsbetrag für 2025 ist noch ein Betrag von 300 EUR verfügbar. Berechnen Sie den Gutschriftsbetrag.

☐☐☐,☐☐

Aufgabe 3 (5 Punkte)

Herr Wohltmann möchte das auf dem Girokonto bestehende Guthaben von 45.000 EUR für drei Monate anlegen, da er dann seine bestellte Wohnungseinrichtung bezahlen muss. Sie empfehlen Herrn Wohltmann die Anlage des Guthabens auf einem Termingeldkonto mit 90 Tagen Laufzeit und einem Zinssatz von 0,40 % p.a.

Der bestehende Freistellungsauftrag ist bereits vollständig ausgeschöpft.

Berechnen Sie den Betrag der Zinsgutschrift bei Fälligkeit.

☐☐,☐☐

Aufgabe 4 (4 Punkte)

Herr Wohltmann versteht nicht den Unterschied zwischen einem abgezinsten Sparbrief und einer Festgeldanlage. Machen Sie ihm den Unterschied anhand von jeweils zwei Merkmalen deutlich.

Aufgabe 5 (4 Punkte)

Herr Wohltmann fällt der Unterschied in den Zinssätzen der beiden Anlagen auf. Erklären Sie ihm, wie diese Unterschiede zu Stande kommen anhand von zwei Merkmalen.

Aufgabe 6 (2 Punkte)

Im Zusammenhang mit der Zinsberechnung erklären Sie Herrn Wohltmann den Steuerabzug auf Kapitalerträge aus Geld- und Vermögensanlagen. Wie informieren Sie Herrn Wohltmann richtig? Kreuzen Sie an.

A Bei jeder Auszahlung von Kapitalerträgen wird bei Kreditinstituten ein Steuerabzug (Abgeltungssteuer) von 25 % vorgenommen.

B Zusätzlich zur Abgeltungssteuer sind die Nettozinsen in der Einkommensteuererklärung anzugeben und erhöhen das zu versteuernde Einkommen.

C Ein Abzug der Abgeltungssteuer kann durch Vorlage einer Nichtveranlagungsbescheinigung vermieden werden.

D Neben der Abgeltungssteuer behält die Nordbank AG den Solidaritätszuschlag in Höhe von 5,5 % des Zinsbetrages ein.

E Die Nordbank AG behält neben der Abgeltungssteuer noch die Kirchensteuer in Höhe von 5,5 % der Abgeltungssteuer ein.

☐

Aufgabe 7 (4 Punkte)

Herr Wohltmann hat bei Ihnen noch einen Bausparvertrag, in den seine VL-Leistungen eingezahlt werden. Er ist sich unsicher, ob das Produkt Bausparen auch derzeit noch sinnvoll ist.

Mit welchen zwei Argumenten könnten Sie Herrn Wohltmann von den Vorteilen des Bausparens in seiner Situation überzeugen?

Aufgabe 8 (4 Punkte)

Machen Sie Herrn Wohltmann zwei Nachteile eines Bausparvertrages deutlich!

3. Fall: Verbraucherdarlehen *(33 Punkte)*

Situation

Herr Sebastian Brinkmann kommt heute wegen einer Finanzierung eines neuen Pkw in die Nordbank AG. Der Neuwagen soll 15.149,00 EUR kosten. Für seinen alten Pkw erhält Herr Brinkmann noch 3.650,00 EUR.

Aufgabe 1 (4 Punkte)

Zur Beurteilung der materiellen Kreditwürdigkeit von Herrn Brinkmann benötigen Sie als Kreditberater/in der Nordbank AG verschiedene Unterlagen.

Nennen Sie Herrn Brinkmann zwei Unterlagen, die er Ihnen einreichen muss, und jeweils eine Information, die Sie diesen Unterlagen entnehmen können.

Aufgabe 2 (4 Punkte)

Ermitteln Sie den Kreditbetrag. Runden Sie das Ergebnis auf volle TEUR auf.

Aufgabe 3 (2 Punkte)

Ermitteln Sie mithilfe der beigefügten Tabelle die Höhe der monatlichen Raten.

Nordbank AG

Auszug aus dem Konditionentableau für Verbraucherdarlehen in EUR

Laufzeit: 48 Monate, Sollzinssatz p. a.: 5,4 %

Kreditbetrag	Zinsen	Gesamtbetrag	Höhe der Raten 1- 47	letzte Rate
10.000,00	1.102,50	11.102,50	230,00	292,50
12.000,00	1.323,00	13.323,00	280,00	163,00
15.000,00	1.653,76	16.653,76	350,00	203,76

Aufgabe 4 (7 Punkte)

Berechnen Sie das monatlich frei verfügbare Einkommen von Herrn Brinkmann.

Aufgabe 5 (2 Punkte)

Entscheiden Sie, ob Herr Brinkmann den Kredit von der Nordbank AG erhalten kann, und begründen Sie Ihre Entscheidung.

Sebastian Brinkmann	geb. am 23.07.1985, ledig
Beruf:	Polizeibeamter
Gehalt:	1.943,00 EUR netto mtl.
Girokonto:	Saldo H 864,19 EUR
Sparkonto:	3-monatige Kündigungsfrist, Saldo 340,00 EUR
Miete (Wohnung 65 m^2):	357,50 EUR/mtl.

Tabelle der Haushaltspauschalen der Nordbank AG – Auszug –

Bei den aufgeführten Haushaltspauschalen handelt es sich um Mindestbeträge.

Mtl. Haushaltsnettoeinkommen des Antrag- bzw. Mitantragstellers	1 Person	2 Personen
EUR	EUR	EUR
Ab 1.250,00	400,00	620,00
Ab 1.500,00	460,00	680,00
Ab 1.750,00	520,00	740,00
Ab 2.000,00	580,00	800,00
Ab 2.250,00	690,00	910,00

Hinweise:

Folgende Positionen sind in den Haushaltspauschalen nicht inbegriffen:

- Miete
- Nebenkosten (Gas, Strom, Wasser, Grundabgaben etc.); mindestens 2,00 EUR je Monat je m^2 Wohnfläche
- Kfz-Kosten pauschal 200,00 EUR je Monat je Pkw
- Finanzierungskosten
- Unterhaltszahlungen an haushaltsfremde Personen
- Vermögensbildung, Lebensversicherung, Sparraten etc.

Aufgabe 6 (3 Punkte)

Im Rahmen des Beratungsgesprächs weisen Sie Herrn Brinkmann auf sein Widerrufsrecht hin. Herr Brinkmann möchte daraufhin wissen, wie er sein Widerrufsrecht ausüben kann, wenn der Kaufvertrag mit dem Händler wider Erwarten nicht zustande kommen sollte.

Nennen Sie Herrn Brinkmann drei Aspekte, die er bei der Ausübung seines Widerrufsrechts beachten muss.

Aufgabe 7 (5 Punkte)

Sie erläutern Herrn Brinkmann, dass vor der Kreditgewährung die Nordbank AG die Vorschriften für Verbraucherdarlehen zu beachten hat. In diesem Zusammenhang empfehlen Sie Herrn Brinkmann den Abschluss einer Restschuldversicherung.

Begründen Sie Ihre Empfehlung und nennen Sie Herrn Brinkmann drei versicherbare Risiken.

Aufgabe 8 (6 Punkte)

Sie erklären Herrn Brinkmann, dass für die Kreditgewährung Sicherheiten von ihm zu stellen sind.

Ordnen Sie den genannten Kreditsicherheiten je eine der Vereinbarungen aus Kreditverträgen zu.

Kreditsicherheiten

1 Bürgschaft

2 Pfandrecht an Rechten

3 Sicherungsabtretung

4 Sicherungsübereignung

A Die Bank überlässt dem Sicherungsgeber die als Sicherheit dienenden Gegenstände leihweise und gestattet ihm, vorbehaltlich jederzeitigen Widerrufs, die Weiterbenutzung der Gegenstände.

B Die Bank ist berechtigt, auch bevor ihre eigene Forderung fällig ist, die Zinsen bzw. Gewinnanteile sowie etwaige sonstige Erträgnisse der verpfändeten Wertpapiere ohne Mitwirkung des Verpfänders bei Fälligkeit einzuziehen.

C Die gegenwärtigen Forderungen gehen mit Abschluss dieses Vertrages, die künftigen mit ihrer Entstehung auf die Bank über.

D Für alle bestehenden und künftigen – auch bedingten oder befristeten – Ansprüche der Nordbank AG aus der Geschäftsverbindung, insbesondere aus der Gewährung von Krediten jeder Art, übernehmen wir hiermit selbstschuldnerisch einen Betrag bis zur Höhe von 50.000,00 EUR.

1	2	3	4

PRÜFUNGSSATZ IV

W. Grundmann, *Abschlussprüfung Teil I*, Prüfungstraining für Bankkaufleute,
https://doi.org/10.1007/978-3-658-51639-0_4

Prüfungssatz IV

Bearbeitungszeit: 90 Minuten, 100 Punkte

Lösungen ab Seite 163

1. Fall: Betreuerkonto *(32 Punkte)*

Situation

Roland Schröder ist Kundenberater der Nordbank AG. Für heute Nachmittag hat Herr Schröder einen Beratungstermin mit Frau Sarah Lange (33 Jahre alt) wegen einer Kontoeröffnung angesetzt. Frau Lange erscheint pünktlich um 16:00 Uhr mit Herrn Alfred Schön in der Nordbank AG Hamburg, Zweigstelle Osterstraße. Sie informiert Herrn Schröder, dass sie vom Betreuungsgericht als befreite Betreuerin mit einem Einwilligungsvorbehalt für die Vermögenssorge für Herrn Alfred Schön eingesetzt wurde. Sie möchte jetzt für Herrn Schön ein Girokonto bei der Nordbank AG einrichten lassen. Das Konto soll für die Überweisung der monatlich anfallenden Ausgaben, wie z. B. der Miete, der Krankenversicherung usw., sowie für die Bargeldbeschaffung zur Erledigung von notwendigen Einkäufen genutzt werden.

Herr Schön unterhielt bisher bei der Unionbank AG folgende Konten:

Konten	Kontostand aktuell
Girokonto	12.489,67 EUR
Sparkonto	124.457,98 EUR
Sparbriefe der Unionbank AG	25.000,00 EUR
Wertpapierdepot	
Investmentanteile Nordaktienfonds	587 Anteile zu 37,67 EUR Rücknahme
Investmentanteile NordRenta	178 Anteile zu 94,77 EUR Rücknahme

Die Nordbank AG ist Mitglied der Sicherungseinrichtung des privaten Bankgewerbes.

Aufgabe 1 (2 Punkte)

Herr Schröder stellt Frau Lange das Girokonto als geeignete Kontoart für Betreuungsangelegenheiten vor. In diesem Zusammenhang informiert er Frau Lange über die Rechte und Verfügungsmöglichkeiten über das Betreuerkonto im Rahmen einer befreiten Betreuung.

Welche der untenstehenden Aussagen zu den Rechten von Frau Lange als Betreuerin sind in diesem Zusammenhang zutreffend?

A Frau Lange kann genehmigungsfrei über Beträge für notwendige Einkäufe für Herrn Schön im Rahmen des Kontoguthabens verfügen.

B Willenserklärungen von Herrn Schön sind zunächst schwebend unwirksam, da er durch die Anordnung der Betreuung einer beschränkt geschäftsfähigen Person gleichgestellt wurde.

C Willenserklärungen von Herrn Schön sind zunächst wirksam, können aber durch Frau Lange angefochten werden, wenn Herr Schön offensichtlich zu seinem Schaden gehandelt hat.

D Für Verfügungen vom Girokonto von Herrn Schön, die über den Freibetrag von 3.000,00 EUR hinausgehen, benötigt Frau Lange stets die Zustimmung des zuständigen Betreuungsgerichts.

E Geldanlagen von Frau Lange im Namen von Herrn Schön müssen verzinslich und mündelsicher sein.

F Bei der Aufnahme eines Darlehens für Herrn Schön bedarf Frau Lange der Zustimmung eines Gegenvormundes.

☐ ☐

Aufgabe 2 (2 Punkte)

Welche Arten von Transaktionen kann Frau Lange über dieses Konto abwickeln? Nennen Sie zwei Verfügungsmöglichkeiten!

Aufgabe 3 (4 Punkte)

Für die Kontoeröffnung benötigt Herr Schröder die amtlich gültigen Lichtbildausweise von Frau Lange und Herrn Schön sowie einen Betreuerausweis von Frau Lange.
Nennen Sie zwei Gründe für diese Vorgehensweise!

Aufgabe 4 (2 Punkte)

Herr Schröder verlangt nun von Frau Lange die aktuelle Meldebestätigung von Herrn Schön.

Welche Information kann aus diesem Dokument entnommen werden? Begründen Sie Ihre Antwort!

Aufgabe 5 (2 Punkte)

Welche der nachstehenden Verfügungen über das Betreuerkonto bzw. Vermögen von Herrn Schön kann Frau Lange mit ihrer erteilten befreiten Betreuung vornehmen?

A Frau Lange möchte wegen künftiger Bargeldabhebungen mit einer Nordbank-Bankkarte den Geldausgabeautomaten nutzen.

B Frau Lange möchte die Eigentumswohnung von Herrn ‚Schön über die Immobilienabteilung der Nordbank AG verkaufen, da Herr Schön aus Gesundheitsgründen in einem Pflegeheim untergebracht werden soll.

C Frau Lange beantragt für sich eine Kreditkarte als Zweitkarte zu Herrn Schöns Kreditkarte.

D Frau Lange erteilt einen Überweisungsauftrag über 6.500,00 EUR. Das derzeitige Guthaben beträgt 6.400,00 EUR, ein Dispositionsrahmen existiert nicht.

E Frau Lange möchte 50 Investmentanteile an den WEKARenta Investmentfonds zurückgeben und für den Gegenwert BMW-Aktien im Xetra-Handel billigst erwerben.

F Frau Lange möchte die Kontoauszüge von Herrn Schön über den Kontoauszugsdrucker ausdrucken lassen.

☐ ☐

Aufgabe 6 (2 Punkte)

Frau Lange möchte das Vermögen von Herrn Schön mündelsicher anlegen. Welche der nachstehenden Anlagealternativen sind mündelsicher?

A Genussscheine der Nordbank AG mit einer Verzinsung von jährlich 3,5 %

B Pfandbriefe der NordHypo AG mit einer Verzinsung von jährlich 2,75 %

C Anteile des Nordaktienfonds (Dax-Werte)

D Anteile des NordRenta Fonds (Euroanleihen)

E Anlage in Nordbank AG-Aktien

F Anlage in Sparbriefen der Nordbank AG

☐ ☐

Aufgabe 7 (2 Punkte)

Frau Lange möchte für Herrn Schön einen Rollstuhl (Kostenvoranschlag: 3.500,00 EUR) erwerben und den Betrag vom Verfügungsgeldkonto von Herrn Schön überweisen, derzeitiger Kontostand auf dem Girokonto 2.867,43 EUR. Welche Aussage trifft zu?

A Frau Lange kann den entsprechenden Betrag wegen der beschränkten Geschäftsfähigkeit von Herrn Schön nur mit seiner Zustimmung vom Verfügungsgeldkonto überweisen.

B Da es sich um eine befreite Betreuung handelt, kann Frau Lange den Betrag alleine ohne Zustimmung des Betreuungsgerichts überweisen. Eine Überziehung des Verfügungsgeldkontos ist in Ausnahmefällen möglich.

C Die Überweisung kann nicht ausgeführt werden, da das Verfügungsgeldkonto keine vollständige Kontodeckung aufweist.

D Von diesem Konto dürfen nur Beträge für den täglichen Bedarf, z. B. Lebensmittel, überwiesen werden.

E Von einem Verfügungsgeldkonto dürfen nur Überweisungen unter 3.000,00 EUR getätigt werden.

☐

Aufgabe 8 (2 Punkte)

Nennen Sie Frau Lange zwei Rechtsgeschäfte, die der Genehmigung des Betreuungsgerichts bedürfen.

Aufgabe 9 (3 Punkte)

Herr Schröder weist Frau Lange darauf hin, dass die Einlage auf dem Girokonto der gesetzlichen Einlagensicherung unterliegt. Nennen Sie Frau Lange drei weitere Vermögenswerte, die der gesetzlichen Einlagensicherung unterliegen!

Aufgabe 10 (1 Punkt)

Nennen Sie Frau Lange den Betrag, bis zu dem grundsätzlich die Einlagen in Euro auf europäischer Ebene gesetzlich abgesichert sind!

☐☐☐☐☐☐,☐☐

Aufgabe 11 (2 Punkte)

Herr Schröder teilt Frau Lange mit, dass die Vermögenswerte in Fest-, Termin- und Spareinlagen bei der Nordbank AG über die gesetzliche Einlagensicherung hinaus auch über den Einlagensicherungsfonds des Bundesverbandes deutscher Banken e. V. abgesichert sind.

Nennen Sie Frau Lange die Höhe, bis zu der diese Vermögenswerte in diesem Rahmen maximal abgesichert sind!

Aufgabe 12 (2 Punkte)

Herr Schröder erklärt Frau Lange, dass vierteljährlich zum Ende eines jeden Quartals für das Girokonto ein Rechnungsabschluss erstellt wird.

Nennen Sie Frau Lange die Frist und den Fristbeginn gemäß den Allgemeinen Geschäftsbedingungen (AGB) für eine rechtzeitige Einwendung wegen Unrichtigkeit oder Unvollständigkeit des Rechnungsabschlusses!

Aufgabe 13 (2 Punkte)

Erläutern Sie Frau Lange anhand von zwei Aspekten, welche Auswirkungen es für sie hat, wenn gegen einen Rechnungsabschluss nicht rechtzeitig Einwendungen erhoben werden!

Aufgabe 14 (2 Punkte)

Abschließend teilt Ihnen Frau Lange mit, dass sie beabsichtigt, aus Zeitgründen häufiger Einkäufe für Herrn Schön auch im Internet zu erledigen. Sie möchte von Herrn Schröder über sichere und schnelle mobile und digitale Zahlungsformen informiert werden.

Stellen Sie Frau Lange zwei schnelle und sichere Zahlungsformen vor, die sie bei künftigen Zahlungen mobil oder digital verwenden kann.

Aufgabe 15 (2 Punkte)

In einem weiteren Beratungsgespräch teilt Ihnen Frau Lange mit, dass Sie gehört habe, dass man auch mit dem Handy Geldbeträge an einen Zahlungsempfänger überweisen kann.

Beschreiben Sie Frau Lange zwei Vorteile einer mobilen Zahlungsform.

2. Fall: Spareinlagen und Sparbriefe *(35 Punkte)*

Sarah Zipprich ist seit kurzem Kundin der Nordbank AG. Frau Zipprich ist 26 Jahre alt und arbeitet als Krankengymnastin in der Praxis von Karin Heisch. Ihr monatliches Einkommen beträgt netto 2.200,00 EUR. Bisher hatte Frau Zipprich den größten Teil ihres monatlichen Einkommens für Miete, Auto und Konsumartikel ausgegeben. Heute kommt Frau Zipprich zu Ihnen als Kundenberater/in der Nordbank AG, um sich über zukünftige Anlagemöglichkeiten für ihre Altersvorsorge zu informieren.

Zunächst informieren Sie Frau Zipprich allgemein über Ziele und Zielkonflikte von Anlagen.

Aufgabe 1 (4 Punkte)

Nennen Sie Frau Zipprich drei Ziele und Zielkonflikte von Geldanlagen.

Aufgabe 2 (3 Punkte)

Als erstes Produkt stellen Sie Frau Zipprich die gesetzliche Spareinlage vor.

Nennen Sie Frau Zipprich drei Merkmale einer Spareinlage!

Aufgabe 3 (2 Punkte)

Im weiteren Verlauf des Beratungsgesprächs informieren Sie Frau Zipprich über die Vorteile eines Sparkontos.

Welche Vorteile treffen auf eine Spareinlage bzw. Eröffnung eines Sparkontos zu?

A Eine Spareinlage kann von vornherein befristet auf einem Sparkonto angelegt werden.

B Ein Sparkonto kann auch für Unternehmen und kirchlichen und mildtätigen Einrichtungen eröffnet werden.

C Ein Sparkonto kann für ein gezieltes Ansparen von Vermögen für die Altersvorsorge genutzt werden.

D Auch für die Bildung von Rücklagen für unvorhergesehene Ereignisse kann das Sparkonto genutzt werden.

E Der Zinssatz für Spareinlagen ist während der Laufzeit fest vereinbart.

F Das Sparkonto ist eine verzinsliche und liquide Anlage für ein Restguthabens vom Girokonto von Frau Zipprich, das per Ultimo auf das Sparkonto übertragen wird.

☐ ☐

Aufgabe 4 (2 Punkte)

Frau Zipprich entschließt sich, sofort einen Betrag von 250,00 EUR auf das Sparkonto einzuzahlen und zusätzlich einen Dauerauftrag über 100,00 EUR pro Monat zugunsten ihres jetzt eröffneten Sparkontos einrichten zu lassen. Die erste Ausführung des Dauerauftrags soll am 01.03. erfolgen.

Prüfen Sie, ob Sie Frau Zipprich bereits heute eine Sparurkunde aushändigen dürfen und begründen Sie Ihre Entscheidung.

Aufgabe 5 (2 Punkte)

Frau Zipprich hatte der Nordbank AG bisher keinen Freistellungsauftrag erteilt.

Mit welcher Aussage informieren Sie Frau Zipprich zu einem Freistellungsauftrag richtig!

A Frau Zipprich kann nur für das Sparkonto einen Freistellungsauftrag in Höhe von maximal 1.000,00 EUR erteilen, nicht jedoch für ihr Girokonto.

B Wird Frau Zipprich ein Vorfälligkeitsentgelt für eine Verfügung auf dem Sparkonto in Rechnung gestellt, wird dieses mit Zinserträgen aus anderen Anlagen verrechnet, bevor der Freistellungsauftrag in Anspruch genommen wird.

C Da bei der Besteuerung von Zinserträgen das Zuflussprinzip gilt, werden die aufgelaufenen Sparzinsen am 31.12. des laufenden Jahres mit dem Freistellungsbetrag verrechnet.

D Ein im Sparjahr nicht in Anspruch genommener Teilbetrag des Freistellungsauftrags wird auf Antrag von Frau Zipprich in das nächste Sparjahr übertragen.

E Der Sparerpauschbetrag in Höhe von 1.000,00 EUR steht Frau Zipprich auch zu, wenn sie bereits der Bausparkasse einen Freistellungsauftrag von 1.000,00 EUR erteilt hatte.

☐

Aufgabe 6 (2 Punkte)

Frau Zipprich teilt Ihnen mit, dass sie in drei Monaten von ihrer Großmutter ein Geldgeschenk über 5.000,00 EUR erwartet, mit dem sie sich eine Wohnzimmereinrichtung finanzieren will. Frau Zipprich fragt sie, ob sie diesen Geldbetrag bis zur Lieferung der Wohnzimmereinrichtung und Bezahlung der Rechnung befristet auf ihrem Sparkonto anlegen kann.

Prüfen Sie, ob Sie rechtlich dem Wunsch von Frau Zipprich entsprechen dürfen und begründen Sie Ihre Entscheidung!

Aufgabe 7 (2 Punkte)

Am 01.03. wurde die Überweisung von 100,00 EUR aus dem Dauerauftrag von Frau Dipprich dem Sparkonto erstmalig gutgeschrieben und mit 0,15 % p. a. verzinst.

Berechnen Sie den Betrag der vorgerechneten Habenzinsen bis zum Jahresende, der sich aus dieser Überweisung ergibt.

Aufgabe 8 (2 Punkte)

Die Eheleute Oliver und Sarah Brand haben mit Ihnen für heute einen Gesprächstermin vereinbart. Oliver Brand ist 40 Jahre alt, arbeitet als Tischlermeister in einem Unternehmen für Küchenmöbel. Seine Frau Sarah ist 35 Jahre alt, arbeitet als Angestellte im öffentlichen Dienst. Das Ehepaar sucht eine Geldanlage für seine Kinder.

Die Eheleute Brand verfügen über einen Anlagebetrag von 25.000,00 EUR, der sich zurzeit auf ihrem gemeinsamen Sparkonto mit dreimonatiger Kündigungsfrist befindet. Das Sparkonto wird bei der Nordbank AG geführt. Der Anlagebetrag soll für die nächsten sechs Jahre fest und sicher angelegt werden. Deshalb empfehlen Sie den Eheleuten Brand die Anlagen in einem Sparbrief der Nordbank AG.

Herr Brand interessiert sich für die Anlage in abgezinsten Sparbriefen, die ihm vor einiger Zeit ein Freund zur Anlage empfohlen hatte. Was muss Herr Brand bei dieser Anlage beachten?

A Die Zinsen aus abgezinsten Sparbriefen werden nicht auf den Freistellungsauftrag angerechnet.

B Die Erträge dieses Sparbriefs sind als Rückzahlungsgewinn steuerfrei.

C Die jährlich gutgeschriebenen Zinsen als Vorabpauschale muss Herr Brand auch jährlich versteuern.

D Abgezinste Sparbriefe haben eine Mindestlaufzeit von fünf Jahren.

E Herr Brand erhält die Zinsen erst bei Fälligkeit des abgezinsten Sparbriefes.

☐

Aufgabe 9 (4 Punkte)

Sie erklären Herrn Brand, dass die Sparbriefe in verschiedenen Anlageformen herausgegeben werden.

Nennen Sie vier Merkmale dieses Produktes.

Aufgabe 10 (8 Punkte)

Beschreiben Sie zwei unterschiedliche Varianten von Sparbriefen hinsichtlich der Zinszahlung und erläutern Sie je zwei daraus resultierende Vorteile für die Eheleute Brand.

Aufgabe 11 (2 Punkte)

Herr Brand möchte von Ihnen über einen Nachteil der Anlage in Sparbriefen informiert werden. Welche Aussage trifft zu?

A Bei rückläufiger Zinsentwicklung erleiden Sparbriefe Kursverluste.

B Nachteilig ist, dass Sparbriefe mit verschiedenen Zinssätzen und Laufzeiten angeboten werden.

C Nachteilig ist, dass Sparbriefe in der Regel über die gesamte Laufzeit eine feste Verzinsung haben.

D Sparbriefe sind wegen ihrer festen Laufzeit und vereinbarten Unkündbarkeit wenig liquide.

E Nachteilig ist, dass die Sparbriefe mit laufender Zinszahlung sowie als auf- oder abgezinste Papiere mit unterschiedlichen Zinssätzen angeboten werden.

☐

Aufgabe 12 (2 Punkte)

Die Eheleute Brand entscheiden sich für die Sparbriefe und möchten wissen, ob eine sofortige Verfügung über ihr Sparguthaben möglich ist, um diese Anlage zu erwerben.

Geben Sie den Eheleuten Brand eine begründete Auskunft.

3. Fall: Privatdarlehen *(33 Punkte)*

Situation

Das Ehepaar Mario und Christa Tigges aus Norderstedt (erst kürzlich aus Bielefeld nach Norderstedt zugezogen, da Herr Tigges von seinem Arbeitgeber versetzt wurde) hatte am 10.07. bei der Nordbank AG in Norderstedt einen Kreditantrag über 20.000,00 EUR zur Finanzierung einer Wohnungseinrichtung (Wohnzimmer, Schlafzimmer, Küche) im Gesamtwert von 33.000,00 EUR gestellt. Der Restkaufpreis wurde aus der Rückzahlungssumme fälliger Pfandbriefe (Serie 115 v. 2021/20..) bezahlt. Die Antragsteller möchten den Kredit innerhalb von 3 Jahren zurückzahlen. Das Ehepaar hat einen Sohn (10 Jahre alt) und eine 5-jährige Tochter. Mario Tigges (41 Jahre alt) ist Kaufmann für Spedition und Logistikdienstleistungen, Frau Tigges (36 Jahre alt) ist zahnmedizinische Fachangestellte. Das monatliche Nettoeinkommen der Familie beträgt 3.500,00 EUR.

Zur Sicherstellung des Kredits bot das Ehepaar Tigges folgende Sicherheiten an:

- das Wertpapierdepot bei der Nordbank AG
- den Lebensversicherungsvertrag bei der Provinzial Lebensversicherungs-AG
- ein Nord-Investmentdepot
- die neue Wohnungseinrichtung

Engagementabfrage am 10.07., Kontoinhaber Mario Tigges

1. Kontoverbindung seit 12.05.des vergangenen Jahres
2. Girokontonummer: IBAN DE39...; Sollsaldo 150,00 EUR; Limit 5.000,00 EUR
3. Depotkonto Nr. 897370200
   - 1,75 % Bundesanleihe 2017/2027; Nennwert 20.000,00 EUR; Kurs 103,55 %
   - 3,875 % Pfandbriefe Serie 115 v. 16(23), fällig am 10.07.d. J.; Nennwert 13.000,00 EUR, Kurs 100 %
   - 100 Stück Chemie-AG-Aktien, Kurs 66,50 EUR
   - 50 Stück Touristik-AG-Aktien, Kurs 89,00 EUR

Engagementabfrage am 10.07., Kontoinhaberin Christa Tigges

1. Kontoverbindung seit 11.05.des vergangenen Jahres
2. Girokontonummer: IBAN DE65...; Guthaben 500,45 EUR; Limit 1.000,00 EUR

Richtlinie der Nordbank AG für Privatkredite/Konsumentenkredite (Auszug)

1. Die Ermittlung des frei verfügbaren Einkommens und der zumutbaren monatlichen Belastung erfolgte unter Berücksichtigung folgender Mindestbedarfssätze:
   a) Lebenshaltungskosten von 400,00 EUR für jeden Erwachsenen und 100,00 EUR für jedes Kind
   b) Kosten je Pkw 200,00 EUR
   c) Für unvorhergesehene Ausgaben werden 30 % vom frei verfügbaren Einkommen angesetzt.
2. Beleihungsgrundsätze:
   a) Für Wertpapiere inländischer Emittenten:
      - Gläubigerpapiere der öffentlichen Hand: 90 % des Kurswertes, maximal vom Nennwert
      - Aktien: 60 % des Kurswertes
      - Investmentanteile: 70 % des Anteilwertes

Selbstauskunft des Ehepaares Mario und Christa Tigges

1. Durchschnittliche monatliche Ausgaben

Gesamtmiete (einschl. Nebenkosten)	1.000,00 EUR
Unterhaltskosten für 2 Pkw (Benzin, Steuer, Versicherung)	450,00 EUR
Geschätzte Lebenshaltungskosten	600,00 EUR
Prämie Kapitallebensversicherung	250,00 EUR
Bausparen	100,00 EUR
Leasingrate für einen Pkw (Restlaufzeit 2 Jahre)	225,00 EUR
Keine weiteren Kreditverpflichtungen	

2. Vermögensverhältnisse

- Depotkonto bei der Nordbank AG Nr. 897370300
- Investmentdepot bei der Nord-Investment GmbH, 50 Anteile am WEKANORD, Rücknahmepreis 129,20 EUR, Ausgabepreis 132,43 EUR (Angabe per 10.07. diesen Jahres)
- Kapitalversicherungsvertrag mit der NordLeben-Versicherungs-AG vom 01.11.20.., Versicherungssumme 100.000,00 EUR, monatliche Prämie 250,00 EUR

Aufgabe 1 (2 Punkte)

Herr Schüssel ist Kreditberater bei der Nordbank AG und für das heutige Kundengespräch mit dem Ehepaar Tigges verantwortlich. Herr Schüssel möchte sich zunächst einmal ein Bild von der Kreditwürdigkeit von dem Ehepaar verschaffen.

Nennen Sie zwei geeignete Quellen bzw. Unterlagen, die Auskünfte über die Kreditwürdigkeit des Ehepaares Tigges geben können.

Aufgabe 2 (2 Punkte)

Ermitteln Sie für die Antragsprüfung und das Kreditangebot der Nordbank AG die für die Bank maßgebliche Höhe der monatlichen Lebenshaltungskosten von Familie Tigges.

Aufgabe 3 (3 Punkte)

Ermitteln Sie die Summe der monatlichen Verpflichtungen der Familie Tigges einschließlich der von Ihnen ermittelten Lebenshaltungskosten (mit Rechenweg).

Aufgabe 4 (2 Punkte)

Ermitteln Sie das frei verfügbare Einkommen unter Berücksichtigung des 30 %igen Sicherheitsabschlags für unvorhergesehene Ausgaben.

Aufgabe 5 (2 Punkte)

Im Kreditgespräch mit der Familie Tigges informieren Sie auch über den Sinn und Zweck einer Restschuldversicherung. Bei Ratenkrediten werden häufig Restschuldversicherungen abgeschlossen, die den Todesfall, die Erwerbsunfähigkeit und die Arbeitsunfähigkeit absichern sollen.

Im Internet finden Sie zur Restschuldversicherung folgenden Hinweis:

Ab 20.. keine Pflicht zur Restschuldversicherung mehr

Wer einen Kredit aufnimmt, muss gleichzeitig keine Restschuldversicherung mehr abschließen. Diese neue Regelung soll Verbraucher besser schützen und sie vor unnötigen Kosten oder Fehlentscheidungen bewahren.

Eine Restschuldversicherung, auch Kreditversicherung genannt, springt ein, wenn der Kreditnehmer seine Raten nicht mehr bezahlen kann. Das kann passieren, wenn man unerwartet arbeitslos wird, schwer erkrankt oder gar verstirbt. Die Versicherung übernimmt in solchen Fällen die offenen Kreditraten, sodass kein Schuldenberg für die Familie oder andere Hinterbliebene zurückbleibt.

In der Vergangenheit wurden Restschuldversicherungen oft im Paket mit einem Kredit verkauft. Wer einen Autokredit oder einen Ratenkredit für neue Elektronikprodukte aufgenommen hat, wurde häufig gefragt, ob er sich nicht gegen einen Kreditausfall "absichern" wolle. Nicht selten wurde dabei der Eindruck erweckt, dass die Versicherung unverzichtbar sei oder sogar eine Voraussetzung für die Kreditvergabe sei.

tatsächlich aber entpuppte sich die Police häufig als teure Zusatzleistung, die den Kredit erheblich verteuerte, ohne im Ernstfall wirklich ausreichend Schutz zu bieten. Verbraucherschützer bemängeln schon lange die hohen Kosten und die vielen Ausschlussklauseln solcher Policen.

Neues Gesetz: Schutz für Kreditnehmer

Das neue Gesetz schreibt vor, dass eine Restschuldversicherung frühestens sieben Tage nach Abschluss des Kredits verkauft werden darf. Damit soll verhindert werden, dass Verbraucher unter Zeitdruck eine Entscheidung treffen, die sie später bereuen. Außerdem wird dadurch sichergestellt, dass Kredite unabhängig von der Bereitschaft vergeben werden, eine solche Versicherung abzuschließen.

Wie informieren Sie das Ehepaar Tigges über die Restschuldversicherung richtig?

A Die Prämie für die Restschuldversicherung ist vom Ehepaar Tigges während der gesamten Kreditlaufzeit monatlich zu zahlen.

B Versicherungsleistungen aufgrund von Arbeitsunfähigkeit erfolgen nur, wenn die Arbeitsunfähigkeit ärztlich nachgewiesen wurde.

C Der Versicherungsschutz für das Ehepaar Tigges beginnt mit Abschluss des Ratenkredits unabhängig von der Auszahlung des Darlehens.

D Während der Laufzeit des Ratenkredits bleibt das Garantiekapital in voller Höhe bestehen und der Versicherungsnehmer ist am Ende der Laufzeit des Verbraucherdarlehens überschussberechtigt.

E Herr Tigges ist sowohl versicherte Person als auch gleichzeitig Versicherungsnehmer.

F Die Restschuldversicherung ist eine Risikoversicherung mit fallender Versicherungssumme zur Sicherung der Restschuld von Darlehen z. B. im Todesfall des Kreditnehmers. Der Kreditvertrag und der Versicherungsvertrag müssen separat und zeitlich getrennt mit dem Kreditnehmer abgeschlossen werden.

☐ ☐

Aufgabe 6 (2 Punkte)

Mit wem und wann kann das Ehepaar Tigges eine Restschuldversicherung abschließen?

Aufgabe 7 (4 Punkte)

Welche Rechtsfolgen ergeben sich für die Nordbank AG, wenn die nachstehenden Angaben im Kreditvertrag fehlen:

1. Die Angabe des Effektivzinssatzes fehlt.
2. Im Kreditvertrag fehlt die Angabe eines Sollzinssatzes.
3. Die Angaben zum Kündigungsrecht fehlen.
4. Als Herr Tigges nach 24 Monaten arbeitslos wird, verlangt die Nordbank AG von dem Ehepaar Tigges erstmalig die Stellung von werthaltigen Sicherheiten.

Aufgabe 8 (2 Punkte)

Mit Abschluss des Kreditvertrages informieren Sie die Eheleute Tigges über ihr Widerrufsrecht gemäß BGB. Welche der folgenden Aussagen sind in diesem Zusammenhang zutreffend?

A Die Eheleute Tigges können nach erfolgter Auszahlung des Darlehens den Vertrag nur rückgängig machen, wenn sie innerhalb von zwei Wochen nach erfolgter rechtswirksamer Widerrufsbelehrung der Nordbank AG z. B. den Widerruf in einer E-Mail mitteilen und den Kreditbetrag binnen 30 Tagen nach Absendung des Widerrufs zurückzahlen.

B Die Widerrufsbelehrung durch den Kreditberater der Nordbank AG erfolgt in der Regel mündlich nach Abschluss des Kreditvertrages. Aus Beweisgründen ist es aber ratsam, zusätzlich dem Kunden über sein Widerrufsrecht in einem ausführlichen Gespräch nach dem Abschluss des Kreditvertrags zu informieren.

C Die Widerrufsbelehrung kann unterbleiben, wenn das Ehepaar Tigges mit der Unterzeichnung des Kreditvertrages gleichzeitig die Widerrufsbelehrung bestätigt hat.

D Sollte das Ehepaar Tigges den Kredit doch nicht aufnehmen wollen, kann es nach Abschluss des Kreditvertrages den Kreditvertrag noch eine Woche schriftlich widerrufen.

E Vor dem Abschluss eines Darlehensvertrags ist das Ehepaar Tigges in Textform nach einem gesetzlich vorgeschriebenen Muster über sein Widerrufsrecht zu informieren.

F Der Kreditbetrag muss vier Wochen nach rechtswirksamer Widerrufsbelehrung zurückgezahlt sein, sonst gilt der Widerruf als nicht erfolgt.

☐ ☐

Aufgabe 9 (4 Punkte)

Die Nordbank AG möchte auf eine Sicherung des Darlehens nicht verzichten. Am 10.07. ermittelte Herr Schüssel den Beleihungswert der angebotenen Kreditsicherheiten (abgerundet auf 1.000,00 EUR). Welche Aussage zum Beleihungswert ist zutreffend?

Der Beleihungswert ...

A des Lebensversicherungsvertrags beträgt 100.000,00 EUR.

B der Lohn- und Gehaltsabtretungen des Ehepaares Tigges beträgt 3.500,00 EUR.

C der WEKANORD-Anteile beträgt 5.000,00 EUR.

D des Wertpapierbestands im Depot bei der Nordbank AG beträgt 24.000,00 EUR.

E der Wohnungseinrichtung beträgt 33.000,00 EUR.

☐

Aufgabe 10 (2 Punkte)

Zur Absicherung des Kredits zieht die Nordbank AG auch die Gehaltsabtretung von Herrn Tigges in Betracht. Wie ist diese Sicherheit zu beurteilen?

A Gehaltsansprüche können grundsätzlich nicht abgetreten werden.

B Wechselt Herr Tigges seinen Arbeitgeber während der Kreditlaufzeit, gilt die Gehaltsabtretung nicht für die Gehaltsansprüche gegen den neuen Arbeitgeber.

C Es kann nur der pfändbare Teil der Gehaltsforderungen abgetreten werden.

D Mangels Bestimmbarkeit ist diese Gehaltsabtretung nichtig.

E Von einer Sicherungsabtretung ist abzusehen, da sie hinter eine spätere Pfändung der Gehaltsansprüche zurücktreten muss.

☐

Aufgabe 11 (4 Punkte)

Nach zwei Jahren wird Herr Tigges arbeitslos. Die Finanzsituation des Ehepaares hat sich dermaßen verschlechtert, dass es seinen laufenden Ratenzahlungen nicht mehr nachkommen kann und stellt die Zahlungen ein.

Beschreiben Sie vier gesetzliche Voraussetzungen für die Gesamtfälligstellung des Darlehens.

Aufgabe 12 (2 Punkte)

Nachdem die Nordbank AG ohne Ergebnis die gesetzlich vorgesehenen Schritte durchgeführt hat, sollen die zur Sicherung des Darlehens verpfändeten Wertpapiere des Ehepaars Tigges verwertet werden. Was muss die Nordbank AG hinsichtlich der Verwertung beachten?

A Die Verwertung der Wertpapiere kann durch einen börsenmäßigen Verkauf an der Frankfurter Wertpapierbörse bzw. im Xetra-Handel erfolgen.

B Eine Verwertung ist nur möglich, wenn die Nordbank AG einen vollstreckbaren Titel hat.

C Eine Verwertung kann erst erfolgen, wenn in mindestens einer Tageszeitung die Pfandverwertung angezeigt worden ist.

D Der Verwertungserlös muss mindestens 80 % des Beleihungswertes der Wertpapiere betragen.

E Ein Mehrerlös über die Forderungen der Nordbank AG steht dem Sicherungsnehmer zu.

☐

Aufgabe 13 (2 Punkte)

Der Erlös aus der Verwertung der vom Ehepaar Tigges gestellten Sicherheiten reicht nicht aus, um die Forderungen der Nordbank AG zu decken. Die Wohnungseinrichtung kommt als Sicherheit nicht in Frage, da sie vermutlich unpfändbar ist. Außerdem ist bei gebrauchten Möbeln eine wirtschaftliche Veräußerung sehr schwierig.

Die Nordbank AG beantragt daraufhin einen Mahnbescheid und anschließend einen Vollstreckungsbescheid. Welche der folgenden Aussagen sind in diesem Zusammenhang richtig?

A Unabhängig von der Forderungshöhe ist der Mahn- und Vollstreckungsbescheid bei dem Amtsgericht, in dessen Bezirk der Antragsteller seinen Sitz hat, zu beantragen.

B Erhebt das Ehepaar Tigges gegen den Mahnbescheid Widerspruch, so kann die Nordbank AG einen Vollstreckungsbescheid beantragen.

C Die Nordbank AG erlangt mit Antragstellung des Vollstreckungsbescheids einen vollstreckbaren Titel.

D Mit Beantragung eines Vollstreckungsbescheids wird ein Gerichtsvollzieher beauftragt, dem Arbeitgeber von Herrn Tigges einen Pfändungs- und Überweisungsbeschluss zuzusenden.

E Durch Beantragung eines Vollstreckungsbescheids wird das Ehepaar Tigges verpflichtet, eine Vermögensauskunft abzugeben.

F Wenn das Ehepaar Tigges einen fristgerechten Widerspruch gegen den Mahnbescheid erhebt, kann kein Vollstreckungsbescheid mehr ergehen. Die Nordbank AG muss dann einen Antrag auf Durchführung eines streitigen Verfahrens vor dem zuständigen Gericht stellen.

☐ ☐

PRÜFUNGSSATZ V

W. Grundmann, *Abschlussprüfung Teil I*, Prüfungstraining für Bankkaufleute,
https://doi.org/10.1007/978-3-658-51639-0_5

Prüfungssatz V

Bearbeitungszeit: 90 Minuten, 100 Punkte

Lösungen ab Seite 173

1. Fall: Nachlasskonto *(32 Punkte)*

Situation

Sie sind Kundenberater der Nordbank AG. Ella Weber, eine langjährige Kundin, hat Ihnen heute, am Vormittag des 10. Januar 20.., telefonisch mitgeteilt, dass ihr Ehegatte Christian Weber am 28.12.des vergangenen Jahres.. verstorben ist. Am Nachmittag desselben Tages sind Sie mit Frau Weber zu einem Beratungsgespräch verabredet.

In der Vorbereitung zu diesem Gespräch haben Sie die folgenden Daten zusammengetragen:

Gesamtengagement Christian und Ella Weber		
Bismarckstr. 47, 22844 Norderstedt	Salden jeweils zum Buchungs-schluss	
	28.12.2024	**30.12.2024**
Girokonto Nr. 7895 357 **Kontoinhaber: Christian Weber** - Dispositionskredit: 5.000,00 EUR - keine Guthabenverzinsung - Bankkarte und Kreditkarte für Christian Weber - Vollmacht über den Tod hinaus: Ella Weber	H 598,19 EUR	H 3.100,85 EUR
Girokonto Nr. 7895 970 **Kontoinhaber: Ella Weber** - Dispositionskredit: 2.000,00 EUR - keine Guthabenverzinsung - Bankkarte für Ella Weber - Vollmacht über den Tod hinaus: Christian Weber	H 642,21 EUR	H 142,21 EUR
Sparkonto Nr. 7893 075 **Kontoinhaber: Christian und Ella Weber** - Einzelverfügungsberechtigung - Kündigungsfrist: 3 Monate - Zinssatz 0,20 % **Vorgerechnete Zinsen per 31.12.2024: 29,29 EUR** **Schließfach Inhaber: Christian Weber** - Vollmacht über das Schließfach Ella Weber	14.642,50 EUR	14.642,50 EUR

Zu Beginn des Beratungsgesprächs legt Ihnen Frau Weber die Sterbeurkunde vor und teilt Ihnen mit, dass kein Testament ihres Ehemannes vorliegt. Das Ehepaar Weber hat eine Tochter, Sabine Weber, 30 Jahre alt, Angestellte im öffentlichen Dienst der Stadt Norderstedt. Anschließend möchte Frau Ella Weber von Ihnen einige Auskünfte zur weiteren Kontoführung.

Aufgabe 1 (2 Punkte)

Welche Aussagen zur Verfügung über die Konten von Christian Weber sind richtig?

A Da Frau Weber mit ihrem Ehegatten im gesetzlichen Güterstand zusammengelebt hatte, kann sie über alle Konten verfügen; zur Umschreibung sämtlicher Konten auf ihren Namen genügt die bereits vorgelegte Sterbeurkunde.

B Da offenbar keine letztwillige Verfügung des Verstorbenen vorliegt, tritt in diesem Falle die gesetzliche Erbfolge ein, d. h. Frau Ella Weber bildet mit ihrer Tochter eine Erbengemeinschaft und kann deshalb nur gemeinsam mit ihrer Tochter Sabine über sämtliche Nachlasskonten verfügen.

C Über das Giro- und das Depotkonto kann Frau Ella Weber wie bisher verfügen, wenn ihre Tochter die seinerzeit vom Ehemann erteilte Vollmacht nicht widerrufen hat.

D Da Frau Weber und ihre Tochter gemäß der gesetzlichen Erbfolge je zur Hälfte erbberechtigt sind, kann jede von ihnen allein über die Hälfte des jeweiligen Kontoguthabens verfügen.

E Für Verfügungen über das Girokonto genügt die Vorlage der Sterbeurkunde. Für Verfügungen über das Sparkonto benötigt die Nordbank AG die Vorlage des vom Nachlassgericht ausgestellten Erbscheins.

☐

Aufgabe 2 (3 Punkte)

Herr Weber unterhielt auch bei der Unionbank AG ein Girokonto (Guthaben 14.500,00 EUR) und ein Schrankfach für seine Wertpapiere und Wertgegenstände. Frau Ella Weber besitzt für diese Bankverbindung eine Bankkarte und Kontovollmacht über den Tod hinaus. Die Vollmacht erstreckt sich ausdrücklich auch auf den Zugang zum Schrankfach.

Welche der folgenden Verfügungen über das Giro- und Sparkonto kann Frau Ella Weber nur unter Mitwirkung ihrer Tochter Sabine vornehmen?

A Bezahlung von Nachlassverbindlichkeiten in Höhe von 7.500,00 EUR durch Überweisung

B Mietüberweisung 1.200,00 EUR für die gemeinsame Wohnung

C Barabhebung vom Girokonto ihres verstorbenen Ehemanns 400,00 EUR vom Geldautomaten für den persönlichen Lebensunterhalt

D Entnahme von Aktienurkunden (effektive Stücke) aus dem Schrankfach

E Auflösung des Girokontos von Christian Weber (Nachlasskonto)

F Erteilung einer Untervollmacht an ihre 30-jährige Tochter Sabine Weber

☐ ☐

Aufgabe 3 (4 Punkte)

Entscheiden Sie, ob Frau Ella Weber heute über das Girokonto Nr. 7895 357 und über das Sparkonto Nr. 7892 075 verfügen kann und begründen Sie jeweils Ihre Entscheidung.

Aufgabe 4 (2 Punkte)

Frau Ella Weber hat mit der Tochter Sabine, vereinbart, dass das Girokonto des Vaters aufgelöst werden soll. Das Sparkonto soll auf Frau Ella Weber umgeschrieben werden, das Sparbuch legt sie vor. Ihre Tochter Sabine Weber kann nicht persönlich zur Nordbank AG kommen.

Nennen Sie die für die Auflösung des Girokontos Nr. 7895 357 benötigten Dokumente und erklären Sie Frau Ella Weber, warum sie diese benötigen.

Aufgabe 5 (3 Punkte)

Nennen Sie die für die Umschreibung des Sparkontos Nr. 7892 075 benötigten Dokumente und erklären Sie Frau Ella Weber jeweils, warum Sie diese benötigen.

Aufgabe 6 (6 Punkte)

Bei Durchsicht der Kontoauszüge des Girokontos 7895 357 stellt Frau Ella Weber die nachstehenden Belastungen fest. Sie möchte diese Abbuchungen, soweit möglich, rückgängig machen.

Entscheiden und begründen Sie jeweils, ob Frau Ella Weber die folgenden Abbuchungen durch die Nordbank AG rückgängig machen lassen kann:

Nr.	Datum	Buchungsvorgang	Betrag
a)	30.12.20.. des vergangenen Jahres	Lastschrift mit PIN Kielort-Apotheke, Norderstedt	147,30 EUR
b)	02.01.20..	Lastschrift der Phönix Lebensversicherungs-AG LV-Nr. 2576980/WL4536 Versicherungsnehmer: Christian Weber	89,00 EUR
c)	02.01.20..	Dauerauftrag Monatsbeitrag Tanzcentrum „Die 3" Norderstedt Mitglied: Christian Weber	120,00 EUR

Aufgabe 7 (4 Punkte)

Frau Ella Weber legt Ihnen die Rechnung des Bestattungsunternehmens über 4.750,00 EUR vor und bittet Sie, diese zu begleichen. Auf den Konten gab es über die Buchungen aus der Aufgabe 6 hinaus keine weiteren Umsätze.

Empfehlen Sie Frau Weber eine Vorgehensweise zur Rechnungsbegleichung und begründen Sie Ihre Empfehlung.

Aufgabe 8 (2 Punkte)

Einige Tage später bearbeiten Sie die Anzeige an die zuständige Erbschaftsteuerstelle.

Prüfen Sie, wie sich die Nordbank AG gegenüber der zuständigen Erbschaftsteuerstelle verhalten muss.

A Da das Guthaben auf dem Girokonto von Herrn Weber 5.000,00 EUR nicht übersteigt, ist eine Anzeige an die Erbschaftsteuerstelle nicht erforderlich.

B Eine Anzeige an die zuständige Erbschaftsteuerstelle muss auf jeden Fall erfolgen, da Herr Weber ein Schrankfach besaß.

C Da das Girokonto von Christian Weber am Todestag ein Guthaben aufweist, muss umgehend eine Meldung an die Erbschaftsteuerstelle erfolgen.

D Da das Guthaben auf dem Girokonto von Herrn Weber und das Sparguthaben auf dem Gemeinschaftskonto Weber über 5.000,00 EUR beträgt, hat eine Anzeige an die Erbschaftsteuerstelle von der Erbengemeinschaft Weber zu erfolgen.

E Da der Verstorbene ein Schrankfach besaß, ist die Nordbank AG verpflichtet, das Schrankfach sofort zu sperren. Erst nach Prüfung des Inhalts des Schrankfaches durch die zuständige Erbschaftsteuerstelle kann der Zugang zum Schrankfach wieder freigegeben werden.

☐

Aufgabe 9 (2 Punkte)

Bis zum Ablauf welchen Kalendertags (TT.MM.JJJJ) müssen Sie diese Anzeige spätestens versandt haben?

☐☐.☐☐.☐☐☐☐

Aufgabe 10 (4 Punkte)

Ermitteln Sie die Beträge, die der zuständigen Erbschaftsteuerstelle übermittelt werden müssen. Berücksichtigen Sie dabei auch die aufgelaufenen Zinsen auf dem Sparkonto.

2. Fall: Bausparen *(37 Punkte)*

Situation

Das Ehepaar Klaus und Beate Schäfer trägt sich mit dem Gedanken, einen Bausparvertrag zur Finanzierung einer Eigentumswohnung abzuschließen. Im Rahmen eines Beratungsgesprächs bei der Bausparkasse teilt Herr Schäfer Ihnen als Kundenberater/in mit, dass er und seine Ehefrau von ihren Arbeitgebern eine vermögensbildende Leistung von jährlich je 470,00 EUR erhalten.

Vor einem Vertragsabschluss möchten sich beide Ehepartner bei Ihnen über Möglichkeiten und Konditionen des Bausparens informieren. Beide Ehepartner sind berufstätig. Die vermögenswirksamen Leistungen sind bisher auf einem Kontensparvertrag angelegt. Das zu versteuernde Einkommen beider Ehepartner beträgt derzeit 45.000,00 EUR jährlich (vgl. Vermögensbildungsgesetz, Wohnungsbau-Prämiengesetz).

Aufgabe 1 (5 Punkte)

Zunächst möchte sich das Ehepaar Schäfer grundsätzlich über das Bausparen informieren. Erklären Sie den Kunden an fünf Aspekten das Grundprinzip des Bausparens.

Aufgabe 2 (4 Punkte)

Herr Schäfer möchte von Ihnen wissen, welche staatlichen Förderungsmaßnahmen es in Verbindung mit einem Bausparvertrag gibt und welche das Ehepaar Schäfer nutzen kann.

Aufgabe 3 (2 Punkte)

Welche der nachstehenden Anlagen werden mit einer Arbeitnehmer-Sparzulage bzw. mit einer Wohnungsbauprämie staatlich gefördert?

A Anlage auf Grund eines Sparvertrages mit einem Kreditinstitut über Vermögensbeteiligungen

B Anlage auf Grund eines Kontensparvertrages mit einem Kreditinstitut

C Anlage auf Grund eines Kapitalversicherungsvertrages mit einem Versicherungsunternehmen

D Anlage auf Grund eines Vertrages nach dem Wohnungsbau-Prämiengesetz

E Anlage in Schuldverschreibungen der öffentlichen Hand

F Anlage in einem staatlich geförderten Vertrag zur privaten Altersvorsorge, z. B. in einer fondsgebundenen Lebensversicherung

☐ ☐

Aufgabe 4 (2 Punkte)

Nennen Sie dem Ehepaar ihren höchstmöglichen Betrag der staatlichen Bausparförderung, den es erhalten kann.

☐☐☐,☐☐

Aufgabe 5 (1 Punkt)

Welche staatliche Sparförderung kann dem Bausparkonto des Ehepaares Schäfer jährlich höchstens gutgeschrieben werden, wenn das Ehepaar monatlich je 160,00 EUR bausparen will?

Aufgabe 6 (2 Punkte)

Herr Schäfer möchte wissen, wie die Bausparsumme verwendet werden muss, um die Wohnungsbauprämie zu erhalten. Welche Verfügung kann zum Verlust der Wohnungsbau-Prämie führen?

A Ein Bausparer tritt seinen Kindern seinen Bausparvertrag für den Bau des Einfamilienhauses der Kinder ab.

B Ein Bausparer erwirbt mit seinem Bausparguthaben Anteile an einem offenen Immobilienfonds.

C Ein Bausparer verwendet den angesparten Betrag auf seinem Bausparkonto zur Finanzierung der Modernisierung seiner Eigentumswohnung.

D Ein Bauherr verwendet einen zugeteilten Bausparvertrag zur Ablösung eines bereits gewährten Hypothekarkredits (Zwischenkredit).

E Ein Bausparer verwendet das Bausparguthaben zum Ersterwerb von Anteilen an einer Wohnungsbaugenossenschaft.

☐

Aufgabe 7 (4 Punkte)

Mit welchen zwei Argumenten könnten Sie das Ehepaar Schäfer von den Vorteilen des Bausparens in ihrer Situation überzeugen?

Aufgabe 8 (4 Punkte)

Erläutern Sie vier Nachteile einer Baufinanzierung durch einen Bausparvertrag!

Aufgabe 9 (2 Punkte)

Herr Schäfer möchte nun wissen, über welche Bausparsumme sie den Bausparvertrag abschließen sollen. Machen Sie dies an einem Beispiel deutlich.

Der Tarif der Bausparkasse sieht einen monatlichen Regelsparbeitrag von 4 Promille der Bausparsumme vor. Entsprechend möchte das Ehepaar Schäfer monatlich 320,00 EUR in diesen Bausparvertrag einzahlen.

Berechnen Sie für das Ehepaar die sich hieraus ergebende Bausparsumme!

☐☐☐☐☐,☐☐

Aufgabe 10 (2 Punkte)

Das Ehepaar Schäfer entscheidet sich für den Abschluss eines Bausparvertrages. Die Bausparkasse bietet ihren Bausparern die nachstehenden Vertragskonditionen an. Empfehlen und begründen Sie dem Ehepaar Schäfer den für sie geeigneten Bauspartarif. Gehen Sie davon aus, dass das Ehepaar für die Finanzierung der Eigentumswohnung einen niedrigen Zins- und Tilgungsbeitrag sowie relativ schnelle Rückzahlung einplant.

Tarifmerkmale Classic (auf einen Blick)

Sparphase	Classic 1	Classic 2	Classic-Maxi	Classic-Mini
Mindest-BS* in EUR	10.000,00	10.000,00	50.000,00	10.000,00
Monatlicher Regelsparbeitrag je 1000 EUR BS*	4,00 EUR	4,00 EUR	4,00 EUR	4,00 EUR
Guthabenzins p. a.	0,1 %	0,1 %	0,5 %	1,0 %
Mindestansparung (in % der BS*)	40 %	40 %	40 %	40 %
Mindestsparzeit	2 Monate	2 Monate	2 Monate	2 Monate
Abschlussgebühr (in % der BS*)	1 %	1 %	1 %	1 %

Darlehensphase	Classic 1	Classic 2	Classic-Maxi	Classic-Mini
Gebundener Sollzins p. a.	2,75 %	2,75 %	2,25 %	1,75 %
Effektiver Jahreszins ab Zuteilung	2,95 %	3,04 %	2,46 %	2,08 %
Maximaler Darlehensanspruch (in % der BS*)	60 %	60 %	60 %	60 %
Zins- und Tilgungsbeitrag je 1000 EUR BS*	4,00 EUR	6,00 EUR	6,00 EUR	8,00 EUR
Tilgungsdauer bei max. Darlehen	203 Mon.	121 Mon.	115 Mon.	81 Mon.

*BS=Bausparsumme

Aufgabe 11 (2 Punkte)

Das Ehepaar Schäfer möchte sich noch über eine prämienunschädliche Auflösung des Bausparvertrages informieren. Sie machen ihnen dies an einigen Beispielen deutlich.

Ein Bausparvertrag über 80.000,00 EUR, der nach dem Wohnungsbau-Prämiengesetz gefördert wurde, soll vor Ablauf der Bindungsfrist vorzeitig aufgelöst werden. In welchen der nachstehenden Fälle ist eine prämienunschädliche Auflösung zulässig?

A Der Bausparer ist nach Vertragsabschluss völlig erwerbsunfähig geworden.

B Der Bausparer nimmt eine selbstständige Tätigkeit auf und will das Bausparguthaben für die Betriebsgründung einsetzen.

C Der Bausparer hat geheiratet, der Bausparvertrag besteht seit drei Jahren.

D Der Bausparer beantragt die Auszahlung des Bausparguthabens und des zuteilungsreifen Bauspardarlehens für den Kauf einer Eigentumswohnung.

E Der Bausparer möchte den zuteilungsreifen Bausparvertrag anlässlich der Geburt seines Kindes für den Kauf einer Kinderzimmereinrichtung verwenden.

F Der Bausparer ist seit einem Jahr arbeitslos; die Arbeitslosigkeit dauert zum Zeitpunkt der Auflösung des Bausparvertrages noch an.

☐ ☐

Aufgabe 12 (2 Punkte)

Noch während der Sperrfrist des Bausparvertrages, drei Jahre nach Vertragsabschluss, beantragt das Ehepaar die Zuteilung des Bauspardarlehens. Während dieser Zeit hatten die Eheleute einige Sonderzahlungen auf den Bausparvertrag geleistet und den Bausparvertrag bereits zu über 50 % angespart.

Stellen Sie fest, für welche beiden der folgenden Zwecke ein Bauspardarlehen nicht verwendet werden darf.

A Erwerb eines Stellplatzes für ein Wohnmobil auf einem Campingplatz

B Renovierung einer Eigentumswohnung

C Kauf einer Ferienwohnung im Ausland

D Finanzierung einer Etagenwohnung zum Umbau zu einer Zahnarztpraxis

E Rückzahlung eines Hypothekendarlehens

F Finanzierung eines Einfamilienhauses

☐ ☐

Aufgabe 13 (3 Punkte)

Frau Schäfer möchte von Ihnen wissen, ob und wie sie über die Wohnungsbau-Prämie verfügen kann. Beraten Sie Frau Schäfer!

Aufgabe 14 (2 Punkte)

Da das Ehepaar Schäfer von ihren Arbeitgebern monatlich vermögensbildende Leistungen erhalten, haben sie abschließend noch eine Frage zur steuerlichen Behandlung von solchen Leistungen.

Herr Schäfer fragt, ob die vermögenswirksamen Leistungen wie sein Lohn der Sozialversicherung bzw. dem Lohnsteuerabzug unterliegen. Mit welcher der folgenden Aussagen informieren Sie das Ehepaar richtig?

A Die vom Arbeitgeber gezahlten vermögenswirksamen Leistungen sind arbeitsrechtlich, aber nicht steuerrechtlich Bestandteil des Entgelts, und unterliegen damit nur der Sozialversicherung.

B Die Leistungen des Arbeitgebers sind weder sozialversicherungs- noch einkommensteuerpflichtig.

C Die vermögensbildenden Leistungen des Arbeitgebers unterliegen der Lohnsteuer und der Sozialversicherungspflicht.

D Der vom Arbeitgeber gezahlte Anteil an den vermögenswirksamen Leistungen wird pauschal mit einer Abgeltungssteuer von 25 % versteuert.

E Die vom Arbeitgeber gezahlten vermögenswirksamen Leistungen sind kein Entgelt im Sinne der Sozialversicherung, sondern sogenannte Arbeitgeber-Sozialleistungen. Sie müssen aber versteuert werden.

☐

3. Fall: Anschaffung einer Wohnzimmereinrichtung *(31 Punkte)*

Situation

Frau Britta Kaufmann (35 Jahre alt) kommt zu Ihnen als Kreditsachbearbeiter(in) der Nordbank AG an den Beratungspoint. Frau Kaufmann teilt Ihnen mit, dass sie beabsichtigt, einen Kreditantrag über 25.000,00 EUR zur Finanzierung von hochwertigen Wohnzimmermöbeln zu stellen. Sie möchte das Anschaffungsdarlehen innerhalb von zwei Jahren zurückzahlen. Frau Kaufmann ist Kauffrau für Spedition und Logistikdienstleistungen und gibt das monatliche Nettoeinkommen in ihrem Haushalt mit 4.300,00 EUR an, davon persönliches Nettoeinkommen 3.100,00 EUR. Sie lebt seit fünf Jahren mit Ute Paulsen zusammen. Frau Paulsen hat eine minderjährige Tochter und erhält Unterhaltsleistungen von ihrem geschiedenen Ehemann. Zur Sicherung des Kredits für den Fall der Verschlechterung der Einkommensverhältnisse stehen folgende Sicherheiten zur Verfügung:

1. Sparbuch von Frau Paulsen mit vereinbarter Kündigungsfrist von 1 Jahr, Guthaben 25.516,25 EUR, Zinssatz 0,25 % p. a. Das Konto wird bei der Unionbank AG in Pinneberg geführt.
2. Kapitalbildende Lebensversicherung über 25.000,00 EUR, vor einem Jahr unwiderruflich zugunsten von Frau Kaufmann bei der Nordleben Versicherungs-AG abgeschlossen.
3. aufwendige Wohnzimmermöbel, Neupreis 25.000,00 EUR
4. Gehaltsabtretung von Frau Kaufmann
5. monatliche Unterhaltsleistungen und Sozialleistungen von 1.200,00 an Frau Paulsen

Konditionen für Privatdarlehen der Nordbank AG

Die monatlichen Raten enthalten Zinsen und Bearbeitungskosten. Die Raten sind auf volle Euro aufgerundet. Bei vereinbarungsgemäßer Rückzahlung ergibt sich eine um die Rundungen reduzierte, abweichende letzte Rate.

Raten für Darlehen der Nordbank AG in Höhe von 7.500 bis 25.000 EUR
Sollzinssatz 8,75 % p. a., alle Beträge in EUR

Laufzeit in Monaten	12	24	30	36	42	47	54	60	66	72
Darlehenshöhe	Rate	Rate	Rate	Rate	Rate	Rate	Rate	Rate	Rate	Rate
7.500	655	345	280	240	210	190	165	155	145	135
10.000	880	455	375	315	275	250	220	205	185	175
12.500	1.114	582	475	404	354	322	287	264	245	229
15.000	1320	690	565	480	420	385	340	315	290	270
20.000	1.782	930	760	647	566	515	459	421	391	366
25.000	2.200	1.150	940	800	700	635	565	520	485	450

Gesamt-Zinsen und Bearbeitungskosten, die in den monatlichen Raten enthalten sind

Der Sollzinssatz ist für die gesamte Laufzeit gebunden. Die Zinsen sind in den angegebenen Monatsraten enthalten. Es entstehen keine Nebenkosten.

Darlehen	12 Mo.	24 Mo.	30 Mo.	36 Mo.	42 Mo.	47 Mo.	54 Mo.	60 Mo.	66 Mo.	72 Mo.
7.500	367	716	895	1.073	1.253	1.412	1.631	1.821	2.005	2.210
10.000	490	956	1.193	1.431	1.678	1.877	2.167	2.423	2.674	2.939
12.500	613	1.193	1.491	1.793	2.095	2.350	2.715	3.025	3.342	3.668
15.000	735	1.432	1.789	2.151	2.513	2.824	3.262	3.642	4.029	4.419
20.000	980	1.911	2.385	2.866	3.355	3.762	4.346	4.860	5.365	5.877
25.000	1.225	2.387	2.982	3.586	4.190	4.709	5.441	6.064	6.702	7.357

Aufgabe 1 (2 Punkte)

Zu Ihren Aufgaben als Kundenberater/-in gehört es, eingehende Kreditanträge zu bearbeiten. Dabei sind insbesondere die Kreditfähigkeit sowie die persönliche und die wirtschaftliche Kreditwürdigkeit von Frau Kaufmann zu prüfen.

A Zur Feststellung der persönlichen Kreditwürdigkeit von Frau Kaufmann genügt die Vorlage ihres Personalausweises.

B Zur Beurteilung der Kreditfähigkeit holen Sie eine Schufa-Auskunft über Frau Kaufmann ein.

C Zur Beurteilung der wirtschaftlichen Kreditwürdigkeit überprüfen Sie die Vermögensverhältnisse von Frau Kaufmann.

D Zur Prüfung der Kreditfähigkeit ermitteln Sie das frei verfügbare Einkommen von Frau Kaufmann.

E Zur Feststellung der wirtschaftlichen Kreditwürdigkeit prüfen Sie, ob Frau Kaufmann volljährig und damit voll geschäftsfähig ist.

☐

Aufgabe 2 (3 Punkte)

Prüfen Sie anhand der Konditionen für Privatdarlehen der Nordbank AG, ob Frau Kaufmann mit ihrem persönlichen Nettoeinkommen das Privatdarlehen in der gewünschten Laufzeit zurückzahlen kann. Die Kosten für ihren persönlichen monatlichen Lebensunterhalt gibt Frau Kaufmann mit 2.400,00 EUR an. Unterbreiten Sie Frau Kaufmann ggf. ein begründetes Kreditangebot gemäß Konditionentabelle.

Aufgabe 3 (2 Punkte)

Vor Abschluss des Verbraucherdarlehens mit Frau Kaufmann muss die Nordbank AG die gesetzlich geregelten Informationspflichten beachten. Prüfen Sie, welche Erläuterungen Sie gemäß den gesetzlichen Vorschriften zu Verbraucherkrediten geben müssen!

A Das endgültige Datum der Auszahlung des Kreditbetrags

B Das Schufa-Rating von Frau Kaufmann

C Die exakte Höhe der Kosten für eine vorzeitige Rückzahlung des Kredits
D Die Art und Weise der Rückzahlung des Kredits
E Das frei verfügbare Einkommen von Frau Kaufmann

☐

Aufgabe 4 (6 Punkte)

Welche Sicherungsverträge können auf Grund der oben genannten Sicherheiten grundsätzlich geschlossen werden und wie kommen sie rechtswirksam zustande? Beschreiben Sie drei mögliche Sicherungsverträge!

Aufgabe 5 (2 Punkte)

Die Nordbank AG ist bereit, Frau Kaufmann das gewünschte Darlehen bei einer angemessenen Besicherung zur Verfügung zu stellen. Bei der Auswahl der Sicherheiten berücksichtigen Sie deren Werthaltigkeit, die Verwertbarkeit sowie rechtliche Beschränkungen. Welche zwei Sicherheiten wählen Sie als geeignet aus?

A Verpfändung der hochwertigen Wohnzimmermöbel in Höhe des Anschaffungswerts von 25.000,00 EUR
B Abtretung eines Festgeldes in Höhe von 10.000,00 EUR, das Frau Kaufmann für 12 Monate bei der Nordbank AG angelegt hat
C Abtretung von Lohn- und Gehaltsforderungen von Frau Kaufmann (lt. Arbeitsvertrag wurden Abtretungen vom Arbeitgeber nicht ausgeschlossen)
D Abtretung von Ansprüchen aus der Kapitallebensversicherung von Frau Kaufmann
E Abtretung des Sparguthabens von Frau Paulsen bei der Unionbank AG in Pinneberg
F Abtretung der Unterhaltszahlung bzw. Sozialleistungen von Frau Paulsen, die sie für ihre Tochter erhält

☐ ☐

Aufgabe 6 (3 Punkte)

Sie beraten Frau Kaufmann über den Abschluss einer Restschuldversicherung. Mit welchen zwei Informationen beraten Sie Frau Kaufmann richtig?

> Auszug aus den Allgemeinen Versicherungsbedingungen für die Restschuldversicherung, die die Nordbank AG ihren Kunden anbietet:
>
> § 1 Was ist versichert?
>
> (1) Bei Tod der versicherten Person während der Versicherungsdauer zahlen wir die Versicherungsleistung in Höhe der am Tag des Todes bestehenden Restforderung des Kreditgebers aus dem Kredit, zu dem diese Restschuld-Lebensversicherung abgeschlossen wurde, maximal jedoch das vereinbarte Garantiekapital. Das Garantiekapital reduziert sich monatlich um den im Vertrag angegebenen Betrag.
>
> Bei Versicherungen für mehrere Partner zahlen wir die Versicherungsleistung bei Tod der zuerst sterbenden Person. Sterben mehrere versicherte Personen gleichzeitig, zahlen wir die Versicherungsleistung nur einmal. Bei Ablauf der Restschuld-Lebensversicherung wird keine Leistung fällig.
>
> (2) Die Versicherung ist nicht überschussberechtigt, es werden keine Überschussanteile fällig.
>
> (3) Ist die Versicherung auch auf den Arbeitsunfähigkeitsfall abgeschlossen und wird die versicherte Person während der Versicherungsdauer arbeitsunfähig, so zahlen wir eine monatliche Arbeitsunfähigkeitsrente. Der Anspruch auf Arbeitsunfähigkeitsrente entsteht nach Ablauf von sechs Wochen nach Eintritt der Arbeitsunfähigkeit. ...
>
> Der Anspruch auf Arbeitsunfähigkeitsrente erlischt, wenn die Arbeitsunfähigkeit endet, ...

Arbeitsunfähigkeit im Sinne dieser Bedingungen liegt vor, wenn die versicherte Person infolge Gesundheitsstörungen, die ärztlich nachzuweisen sind, außerstande ist, ihre bisherige oder eine andere Tätigkeit auszuüben, die aufgrund ihrer Ausbildung und Erfahrungen ausgeübt werden kann und ihrer bisherigen Lebensstellung entspricht. ...

A Bei dieser Restschuldversicherung handelt es sich um eine Kapitallebensversicherung, die überschussberechtigt ist.

B Ist das Risiko der Arbeitsunfähigkeit mitversichert, so übernimmt die Restschuldversicherung im Versicherungsfall die Zahlung aller noch ausstehenden Raten.

C Wenn Frau Kaufmann die Restschuldversicherung sowohl auf sich als auch auf Ihre Partnerin abschließt, leistet die Versicherung im Falle des Todes von Frau Kaufmann die ausstehenden Kreditraten bis zum Ablauf der vereinbarten Darlehenslaufzeit.

D Durch den Abschluss dieser Versicherung werden im Falle des Todes von Frau Kaufmann Ihre Hinterbliebenen mit der Zahlung der restlichen Darlehensraten belastet.,

E Wenn der Versicherungsfall während der Kreditlaufzeit nicht eintritt, erhält Frau Kaufmann das Garantiekapital zuzüglich der Überschussanteile zurück.

F Wenn Frau Kaufmann auch den Arbeitsunfähigkeitsfall versichert, zahlt die Versicherung ihr für die Zeit Ihrer Arbeitsunfähigkeit eine Rente, wenn sie länger als sechs Wochen arbeitsunfähig ist.

☐ ☐

Aufgabe 7 (2 Punkte)

Sie erstellen nun eine unterschriftsreife Ausfertigung des Darlehensvertrages und weisen Frau Kaufmann darauf hin, dass es sich hierbei um einen Verbraucherdarlehensvertrag gemäß BGB handelt.

Frau Kaufmann unterschreibt erst die Widerrufsbelehrung und danach den Darlehensvertrag.

Nennen Sie die vorgeschriebene Form für den Widerruf und die Frist, innerhalb derer Frau Kaufmann diesen Darlehensvertrag nach den Vorschriften des BGB widerrufen kann.

Aufgabe 8 (2 Punkte)

Welche Rechtsfolgen hat ein rechtzeitig eingegangener Widerruf?

Aufgabe 9 (2 Punkte)

Abschließend möchte Frau Kaufmann wissen, ob sie ihre Verbindlichkeiten aus dem Verbraucherdarlehen vorzeitig zurückzahlen kann. Welche Regelung zur vorzeitigen Rückzahlung eines Verbraucherdarlehens zutrifft!

A Frau Kaufmann hat das Recht, den Kreditbetrag mit einer Kündigungsfrist von sechs Monaten kostenfrei zurückzuzahlen.

B Die Rückzahlung des Kreditbetrags kann jederzeit ganz oder teilweise ohne Einhaltung einer Kündigungsfrist erfolgen. Die Nordbank AG darf allerdings eine angemessene Vorfälligkeitsentschädigung verlangen.

C Die vorzeitige Rückzahlung des Kreditbetrags ist nur zulässig, sofern im Kreditvertrag eine variable Verzinsung vereinbart wurde.

D Frau Kaufmann darf aufgrund der vereinbarten Laufzeit des Kreditvertrags keine vorzeitige Rückzahlung des Kreditbetrags vornehmen.

E Aufgrund der wesentlichen Veränderung ihrer Vermögensverhältnisse hat Frau Kaufmann ein außerordentliches Kündigungsrecht und kann den Kreditbetrag vorzeitig kostenfrei zurückzahlen.

☐

Aufgabe 10 (2 Punkte)

Ein Jahr nach Auszahlung des Kreditbetrags stellen Sie fest, dass Frau Kaufmann seit drei Monaten die vereinbarten Zins- und Tilgungsraten nicht mehr zahlt.

Nennen Sie vier gesetzliche Voraussetzungen für die Gesamtfälligstellung des Darlehens.

Aufgabe 11 (2 Punkte)

Wie könnte ggf. die Verwertung der von Ihnen vorgeschlagenen Sicherheiten erfolgen?

Aufgabe 12 (3 Punkte)

Nach Fälligstellung des Darlehens entschließt sich die Nordbank AG, das gerichtliche Mahnverfahren einzuleiten. Beschreiben Sie den Ablauf des gerichtlichen Mahnverfahrens, wenn Frau Kaufmann weder Zahlung leistet, noch Widerspruch bzw. Einspruch einlegt.

PRÜFUNGSSATZ VI

W. Grundmann, *Abschlussprüfung Teil I*, Prüfungstraining für Bankkaufleute,
https://doi.org/10.1007/978-3-658-51639-0_6

Prüfungssatz VI

Bearbeitungszeit: 90 Minuten, 100 Punkte

Lösungen ab Seite 181

1. Fall: Firmenkonto *(38 Punkte)*

Situation

Sie sind Kundenberater/in bei der Nordbank AG. Für Ihre Kundin Schnellsener Mühle GmbH führen Sie ein Kontokorrentkonto. Die Schnellsener Mühle GmbH ist ein Tierfuttermarkt, der sich auf Futtermittel, Stallbau und Stallbauzubehör für Pferde, Hunde, Katzen und Geflügel spezialisiert hat. Das Unternehmen steht in Geschäftsverbindung mit vielen Kunden, die regelmäßig Einkäufe bei ihm tätigen. Die Barumsätze liegen zwischen 3.500,00 EUR und 8.500,00 EUR am Tag. Reitsportvereine und landwirtschaftliche Betriebe kaufen auf Rechnung. Mit Herrn Leineweber, dem alleinigen Geschäftsführer der Schnellsener Mühle GmbH, haben Sie für heute, einen Termin vereinbart. Herr Leineweber möchte, dass sein Angestellter Herr Kaus regelmäßig die Bareinnahmen auf das Konto der Schnellsener Mühle GmbH einzahlen kann.

Aufgabe 1 (4 Punkte)

Beschreiben Sie Herrn Leineweber, wie bei Herrn Kaus die „erleichterte Identifizierung" vorgenommen werden könnte und welche zwei Voraussetzungen hierfür erfüllt sein müssen.

Aufgabe 2 (2 Punkte)

Wegen der relativ hohen Bargeldumsätze gehen Sie zu Beginn des Gesprächs mit Herrn Leineweber auf verschiedene bargeldlose Zahlungsformen ein. Sie stellen Herrn Leineweber das DebetCard-Verfahren als eine für sein Geschäft sichere Zahlungsform vor.

Nennen Sie Herrn Leineweber vier Prüfungen, die mit einem Kartenlesegerät durchgeführt werden müssen!

Aufgabe 3 (2 Punkte)

Welche Vorteile hat der Kunde der Schnellsener Mühle bei der Bezahlung mit seiner DebetCard!

A Der Kunde kann mit seiner DebetCard bargeldlos zahlen, wobei alle Zahlungen eines Monats gesammelt werden und der Gesamtbetrag zu einem bestimmten Termin des Folgemonats seinem Konto belastet wird.

B Der Kunde kann im Inland und im europäischen Ausland an Geldautomaten, die noch mit einem Maestro-Logo gekennzeichnet sind, Bargeld abheben.

C Der Kunde kann beim Bezahlen mit seiner DebetCard bei der Schnellsener Mühle selbst bestimmen, ob er die PIN eingeben oder eine Unterschrift leisten möchte.

D Der Kunde trägt im Zusammenhang mit seiner DebetCard kein Risiko, da bei Verlust oder Missbrauch der Karte in jedem Fall sein Kreditinstitut haftet.

E Der Kunde kann jede Belastungsbuchung auf seinem Kontokorrentkonto, die aus dem Einsatz der DebetCard resultiert, von seinem Kreditinstitut stornieren lassen.

F Mit der DebetCard können mit der kontaktlosen Bezahlfunktion Beträge bis zu 50,00 EUR ohne PIN-Eingabe kontaktlos bezahlt werden.

☐ ☐

Aufgabe 4 (6 Punkte)

Sie weisen Herrn Leineweber darauf hin, dass er seinen Kunden bei der Nutzung des DebetCard-Verfahrens anbieten kann, zusätzlich einen Bargeldbetrag mitzunehmen.

Erläutern Sie Herrn Leineweber drei Vorteile für ihn als Händler, wenn seine Kunden diese Möglichkeit der Bargeldbeschaffung in Anspruch nehmen!

Aufgabe 5 (2 Punkte)

Auf Nachfrage von Herrn Leineweber stellen Sie ihm das Lastschriftverfahren vor, bei dem der Kunde die Zahlung neben der Vorlage der DebetCard mit seiner Unterschrift autorisiert.

Erläutern Sie einen Vorteil und einen Nachteil dieser Zahlungsart für die Schnellsener Mühle GmbH im Vergleich zum DebetCard-Verfahren!

Aufgabe 6 (4 Punkte)

Die Überwachung der Zahlungseingänge der Kunden, die auf Rechnung kaufen, ist bisher sehr arbeitsaufwändig. Sie empfehlen daher Herrn Leineweber, seine Forderungen mittels Lastschriften einzuziehen.

Erläutern Sie Herrn Leineweber je zwei Vorteile, die diese Art der Zahlungsabwicklung

a) für die Schnellsener Mühle GmbH mit sich bringt.

b) für die Kunden der Schnellsener Mühle GmbH hat.

Aufgabe 7 (2 Punkte)

Die Kunden der Schnellsener Mühle GmbH sind zum einen landwirtschaftliche Betriebe und zum anderen Privatkunden. Da es zwei Arten des Lastschriftverfahrens gibt, möchte Herr Leineweber über beide Varianten und ihre Unterschiede informiert werden.

Stellen Sie fest, wie Sie Herrn Leineweber über das SEPA-Firmen-Lastschriftverfahren richtig informieren!

A Beim SEPA-Firmen-Lastschriftverfahren besteht für die Schnellsener Mühle bei gültigem Lastschriftmandat die Gefahr, dass ihre Kunden die Lastschrift bis zu acht Wochen nach Belastung zurückgeben können.

B Zur Nutzung des SEPA-Firmen-Lastschriftverfahrens benötigt die GmbH eine Gläubiger-Identifikationsnummer, die bei der Nordbank AG beantragt werden muss.

C Das SEPA-Firmen-Lastschriftverfahren kann die Schnellsener Mühle mit ihren Kunden nur vereinbaren, wenn auch diese über eine Gläubiger-Identifikationsnummer verfügen.

D Beim SEPA-Firmen-Lastschriftverfahren ist es erforderlich, dass das Lastschriftmandat ihrer Kunden sowohl der GmbH als Zahlungsempfänger als auch der jeweiligen Zahlstelle vorliegt.

E Das SEPA-Firmen-Lastschriftverfahren bietet der Schnellsener Mühle die Sicherheit, dass die Lastschriften eingelöst werden.

☐

Aufgabe 8 (2 Punkte)

Sie informieren Herrn Leineweber darüber, dass er das Geschäftskonto auch dazu nutzen kann, die Rechnungsbeträge seiner Privatkunden per SEPA-Basislastschrift einzuziehen. Herr Leineweber möchte nun wissen, wie das SEPA-Basis-Lastschriftverfahren funktioniert. Stellen Sie fest, wie Sie Herrn Leineweber richtig informieren!

A Die Zahlstelle löst bei nicht ausreichender Kontodeckung nur einen Teilbetrag der Lastschrift ein.

B Sofern ein Privatkunde einer autorisierten Lastschrift widersprechen möchte, muss dies innerhalb von sechs Wochen nach der Belastungsbuchung erfolgen.

C Durch das SEPA-Lastschriftmandat autorisiert der Privatkunde sein Kreditinstitut, die Lastschriften der Schnellsener Mühle einzulösen.

D Die Angabe eines Fälligkeitsdatums im Lastschriftdatensatz durch die Schnellsener Mühle ist nicht zulässig.

E Die Zahlstelle ist nicht berechtigt, ein Rückgabeentgelt zu berechnen.

☐

Aufgabe 9 (2 Punkte)

Die Schnellsener Mühle GmbH möchte ihren Kunden zukünftig die Möglichkeit bieten, Rechnungen mittels Lastschriften begleichen zu können.

Herr Leineweber benötigt hierzu von Ihnen noch weitere Informationen. Stellen Sie fest mit welcher Aussage Sie Herrn Leineweber richtig beraten!

A Die Kunden der Schnellsener Mühle GmbH können bei der Zahlung mittels Lastschrift den Zeitpunkt der Kontobelastung selbst bestimmen.

B Die Schnellsener Mühle GmbH benötigt eine Gläubiger-Identifkationsnummer, die die Deutsche Bundesbank auf Antrag für natürliche und juristische Personen generiert und diese übermittelt.

C Für die Schnellsener Mühle GmbH macht es keinen Unterschied, welches lastschriftverfahren sie mit ihren Kunden verwenden wird, da die Zahlungen in jedem Fall garantiert sind,

D Für den Einzug von Forderungen mittels SEPA-Basis-Lastschriften benötigt die Schnellsener Mühle GmbH die Mandate ihrer Kunden. Diese müssen zusätzlich und separat auch ihre Kreditinstitute mit einem Mandat ausstatten.

E Die Schnellsener Mühle GmbH ist zum Einzug von Forderungen mittels Lastschriften jederzeit berechtigt, wenn sie die AGB der Nordbank AG bei der Kontoeröffnung anerkannt hat. Weitere Vereinbarungen mit der Nordbank AG müssen nicht getroffen werden.

☐

Aufgabe 10 (2 Punkte)

Empfehlen Sie Herrn Leineweber die für ihn günstige Variante des Lastschriftverfahrens und begründen Sie Ihre Entscheidung.

Aufgabe 11 (2 Punkte)

Erläutern Sie Herrn Leineweber einen Nachteil, den das von Ihnen vorgeschlagene Verfahren für die Schnellsener Mühle GmbH mit sich bringt.

Aufgabe 12 (2 Punkte)

Herr Leineweber findet Ihre bisherigen Informationen interessant und möchte genauer über die weitere Vorgehensweise informiert werden.

Erläutern Sie Herrn Leineweber, welche Voraussetzungen erfüllt sein müssen, damit er das von Ihnen empfohlene Verfahren anwenden kann. Nennen Sie vier Voraussetzungen!

Aufgabe 13 (2 Punkte)

Nennen Sie Herrn Leineweber zwei Verpflichtungen, die der Schnellsener Mühle GmbH aus der Anwendung dieses Lastschriftverfahrens entstehen!

Aufgabe 14 (2 Punkte)

Nun weisen Sie Herrn Leineweber noch darauf hin, dass Sie eine betragsmäßige Höchstgrenze (Lastschriftobligo) für die von der Schnellsener Mühle GmbH einzureichenden Lastschriften festlegen müssen.

Erläutern Sie Herrn Leineweber, warum die Nordbank AG ein solches Limit festlegt!

Aufgabe 15 (2 Punkte)

Sie konnten die Schnellsener Mühle GmbH für die Teilnahme am Lastschriftverfahren gewinnen und sie wendet dieses Verfahren bereits seit einiger Zeit an. Heute kommt Herr Leineweber wieder zu Ihnen und legt Ihnen einen Kontoauszug vor, aus dem hervorgeht, dass eine Lastschrift zurückgegeben wurde. Herr Leineweber erbittet von Ihnen Informationen zu dieser Rückbuchung.

Welche Aussage trifft zu diesem Lastschriftverfahren zu!

A Die Nordbank AG muss die Schnellsener Mühle GmbH innerhalb von zwei Bankarbeitstagen informieren, wenn ein Privatkunde einer Lastschrift widersprochen hat.

B Kündigt ein Privatkunde seine Teilnahme am SEPA-Basis-Lastschriftverfahren, muss der Kunde das SEPA-Lastschriftmandat durch eine schriftliche Erklärung gegenüber der Inkassobank widerrufen.

C Weist das Konto eines Kunden nicht genügend Deckung auf, ist auch eine Teileinlösung der Lastschrift zulässig.

D Die Schnellsener Mühle GmbH darf Lastschriften, die ihrem Konto zurückbelastet wurden, entsprechend den Bedingungen für den Lastschriftverkehr nur erneut zum Einzug einreichen, wenn das Mandat widerrufen wurde.

E Die Schnellsener Mühle GmbH muss der Nordbank AG zusammen mit den Lastschriften die Inkassovereinbarung und die SEPA-Lastschriftmandate einreichen.

☐

2. Fall: Auslandszahlungen *(34 Punkte)*

Situation

Sie sind Firmenkundenbetreuer/in bei der Nordbank AG und beraten die Still AG.

Die Still AG in Hamburg produziert Gabelstapler, die weltweit vertrieben werden. Die Still AG schließt mit der M. Rustle Ltd. in Sao Paulo (Brasilien) den ausschnittsweise abgebildeten Kontrakt ab. Die Unternehmen unterhalten bereits seit einigen Jahren intensive Geschäftsbeziehungen. Sie haben schon mehrere Großprojekte zur gegenseitigen Zufriedenheit abgewickelt.

Mit der Zahlungsabwicklung sollen die Nordbank AG und die Banco Comercial in Sao Paulo beauftragt werden.

Kaufvertrag (Ausschnitt des übersetzten Textes)

Kaufvertrag Nr. 458974 über 10 Gabelstapler

Artikelnummer XY 789 1234 555

Verkäufer	Käufer
Still AG	M. Rustle Ltd.
Hafenstr. 11-13	P. O. Box 23 4567
20259 Hamburg / Deutschland	1234567 Sao Paulo / Brasilien
Produktbeschreibung	siehe Anlage
Gesamtpreis	475.000,00 USD
Lieferbedingung	FOB Hamburg
Liefertermin	frühestens 15. April 20.., spätestens 30. Mai 20..
Zahlungsbedingung	250.000,00 USD, spätestens bis 15.03.20.. 225.000,00 USD, 30 Tage nach Erhalt der Lieferung am Bestimmungsort Sao Paulo

Aufgabe 1 (8 Punkte)

Beschreiben Sie vier Risiken, die der Export von Waren grundsätzlich mit sich bringt.

Aufgabe 2 (4 Punkte)

Nennen Sie für zwei der vier Risiken je eine Möglichkeit um diese Risiken abzusichern?

Aufgabe 3 (2 Punkte)

Sie stellen der Still AG das Fremdwährungskonto vor. Mit welcher Aussage beschreiben Sie das Fremdwährungskonto in USD korrekt?

A Erhaltene USD-Schecks können zur Gutschrift auf das Fremdwährungskonto eingereicht werden.

B In jedem außereuropäischen Land können von einem Fremdwährungskonto USD abgehoben werden.

C Für dieses Konto kann auch eine Kreditkarte ausgestellt werden.

D Auf dieses Konto können nur USD-Banknoten eingezahlt werden.

E Mit einer SEPA-Überweisung kann von diesem Fremdwährungskonto Guthaben auf ein Kontokorrentkonto bei der Nordbank AG überwiesen werden.

☐

Aufgabe 4 (2 Punkte)

Der Geschäftsführer der Still AG versteht den Unterschied zwischen Kassa- und Terminkurs nicht. Mit welcher Aussage informieren Sie ihn richtig?

A Der Terminkurs ist höher als der Kassakurs, weil die Zinsen in den USA höher sind als in der Eurozone.

B Der Terminkurs ist höher als der Kassakurs, weil die Zinsen in den USA niedriger sind als in der Eurozone.

C Der Terminkurs ist niedriger als der Kassakurs, weil es sich um einen Report handelt.

D Der Terminkurs ist höher als der Kassakurs, weil es sich um einen Deport handelt.

E Der Terminkurs entspricht dem Kassakurs, weil die Aufwertung des USD gegenüber dem Euro zu hoch ausfällt.

☐

Aufgabe 5 (2 Punkte)

Die M. Rustle Ltd. steht in Geschäftsverbindung mit der Banco Comercial in Sao Paulo. Die Still AG unterhält eine Kontoverbindung mit der Nordbank AG in Hamburg. Der Kundenberater für den Auslandszahlungsverkehr ist Herr Ralf Wilkens. Beide Banken sind A-Korrespondenten der Bank of America in New York, bei der sie USD-Konten unterhalten. Die genannten Bankverbindungen sollen wie bisher für die Abwicklung der sich aus dem Kontrakt ergebenden Zahlungen eingesetzt werden.

Die Still AG erhält am 13.03.20.. aus Sao Paulo einen Banken-Orderscheck über 250.000,00 USD wegen des Kontraktes 458974.

Nennen Sie den Aussteller und den Bezogenen des Bankenorderschecks.

Aufgabe 6 (2 Punkte)

Die Still AG reicht den Scheck am 14.03.20.. bei der Nordbank AG zur Gutschrift des Gegenwertes ein.

Die Nordbank bietet der Still AG die Gutschrift des Scheckgegenwertes E. v. mit Wertstellung 18.03.20.. an.

Erläutern Sie ein Risiko, das die Nordbank AG bei dieser Form der Abwicklung eingeht und beurteilen Sie das Risiko.

Aufgabe 7 (4 Punkte)

Prüfen und begründen Sie, ob im vorliegenden Fall eine Meldung an die Deutsche Bundesbank erfolgen muss.

§ 59 (Meldung von Zahlungen) Außenwirtschaftsverordnung (AWV)

(1) Gebietsansässige haben Zahlungen, die sie
1. von Gebietsfremden oder für deren Rechnung von Gebietsansässigen entgegennehmen (eingehende Zahlungen) oder
2. an Gebietsfremde oder für deren Rechnung an Gebietsansässige leisten (ausgehende Zahlungen),

zu melden.

(2) Absatz 1 findet keine Anwendung auf
1. Zahlungen, die den Betrag von 12.500,00 EUR oder den Gegenwert in anderer Währung nicht übersteigen,
2. Zahlungen für die Wareneinfuhr und die Warenausfuhr,
3. Zahlungen, die die Gewährung, Aufnahme oder Rückzahlung von Krediten (einschl. der Begründung und Rückzahlung von Guthaben) mit einer ursprünglich vereinbarten Laufzeit oder Kündigungsfrist von nicht mehr als 12 Monaten zum Gegenstand haben.

(3) Zahlungen im Sinne dieses Kapitels sind auch die Aufrechnung und die Verrechnung sowie Zahlungen, die mittels Lastschriftverfahren abgewickelt werden. Als Zahlung gilt ferner das Einbringen von Sachen und Rechten in Unternehmen, Zweigniederlassungen und Betriebsstätten.

Aufgabe 8 (4 Punkte)

Die Still AG rechnet in sechs Monaten mit der Zahlung der Restsumme von 225.000,00 USD. Der heutige Geldkurs beträgt 1,0289 je USD

Berechnen Sie, wie viel die 225.000 USD heute wert sind.

Aufgabe 9 (3 Punkte)

Sie möchte sich auf der Kursbasis vom 18.03.20.. mit einem Kurssicherungsgeschäft vor dem Kursrisiko schützen.

Beschreiben Sie aus der Sicht der Still AG die Sicherungswirkung eines Devisentermingeschäfts.

Aufgabe 10 (3 Punkte)

Die Still AG möchte bei der Nordbank AG ein weiteres Konto eröffnen. Alle Satzungsregelungen der Still AG entsprechen den Vorgaben des Aktiengesetzes. Wer kann die Kontoeröffnung auf Seiten der Still AG als gesetzlicher Vertreter beantragen?

A Vorstand gemeinschaftlich

B Für den Zahlungsverkehr zuständiges Vorstandsmitglied

C Aufsichtsrat gemeinschaftlich

D Vorstandsvorsitzender allein

E Vorstandsvorsitzender mit Aufsichtsratsvorsitzendem gemeinschaftlich

F Alle Prokuristen der AG

☐

3. Fall: Vergleich Leasing- und Kreditfinanzierung *(27 Punkte)*

Situation

Sie sind Kundenberater/-in der Nordbank AG. Nach einem Arbeitgeberwechsel hat sich Julian Becker vor einem Monat zu einem Umzug entschlossen und gleichzeitig seine Konten von der Unionbank AG auf die Nordbank AG übertragen. Heute führen Sie mit Herrn Becker ein Beratungsgespräch, in dessen Verlauf er Ihnen mitteilt, dass er sich einen Elektro-Neuwagen der Marke „Nissan" kaufen möchte. Für seinen alten Pkw wird Herr Becker noch 3.650,00 EUR erhalten. Die Nissan Deutschland GmbH hat ihm ein Leasing- und ein Finanzierungsangebot unterbreitet.

Aufgabe 1 (4 Punkte)

Erläutern Sie Herrn Becker anhand von zwei Aspekten den Unterschied zwischen einer Leasing- und einer Kreditfinanzierung.

Aufgabe 2 (2 Punkte)

Auch von der Leasing GmbH Hamburg liegt Herrn Becker ein Leasing-Angebot vor. Daher steht er vor der Entscheidung, ob er eines dieser Leasing-Angebote annehmen oder bei der Nordbank AG einen Ratenkredit aufnehmen soll. Welche Information dürfen Sie Herrn Becker in diesem Zusammenhang geben?

A Wenn Sie beim Neuwagenleasing mit Kilometervertrag jährlich mehr Kilometer zurücklegen als im Vertrag vereinbart, müssen Sie bei Übernahme des Fahrzeugs am Ende der Vertragslaufzeit einen wesentlich höheren Restwert bezahlen.

B Unabhängig davon für welche Art von Leasing-Vertrag Sie sich entscheiden, können Sie diesen Vertrag jederzeit gegen eines Vorfälligkeitsentgelts kündigen.

C Beim Pkw-Leasing können Sie am Ende der Vertragslaufzeit das geleaste Fahrzeug wieder zurückgeben und müssen sich nicht um dessen Verwertung kümmern.

D Wenn Sie nach Ablauf des Leasingvertrags das Fahrzeug in Ihr Eigentum übernehmen wollen, müssen Sie dies bereits bei Vertragsabschluss entscheiden.

E Wenn Sie einen Ratenkredit bei der Nordbank AG aufnehmen und Ihren Gebrauchtwagen nicht in Zahlung geben, haben Neuwagenverkäufer einen Anspruch auf Gewährung eines Barzahlungsrabatts.

☐

Aufgabe 3 (4 Punkte)

Da Herr Becker noch keine endgültige Entscheidung getroffen hat, möchten Sie ihn für eine Finanzierung bei der Nordbank AG gewinnen und unterbreiten dem Kunden ein weiteres Angebot.

Ermitteln Sie ...

a) den Kreditbetrag. Runden Sie das Ergebnis auf volle TEUR ab.

b) die Höhe der monatlichen Raten (siehe Auszug aus der Kreditratentabelle).

Nissan Auto Deutschland GmbH

Unverbindliches Finanzierungsangebot (Auszug)

Nachstehend unterbreiten wir Ihnen unter Zugrundelegung der derzeit gültigen Darlehensbedingungen ein unverbindliches Finanzierungsangebot.

Fahrzeugpreis	19.149,00 EUR
- Anzahlung	3.650,00 EUR
= Nettokreditbetrag	15.499,00 EUR
Laufzeit (Monate)	48
Effektiver Jahreszins	4,90 %
Schlussrate	6.000,00 EUR
47 monatliche Raten a	**199,00 EUR**

Nordbank AG

Auszug aus dem Konditionentableau für Verbraucherdarlehen der Nordbank AG

Laufzeit:	48 Monate
Sollzinssatz p. a.:	3,90 %
Bearbeitungsprovision:	1,50 %

Kreditbetrag	Zinsen	Bearbeitungs Provision	Gesamt-betrag	Höhe der Raten 1-47	letzte Rate
8.500,00	692,94	127,50	9.320,44	196,96	63,32
9.000,00	733,76	135,00	9.868,76	208,53	67,85
10.000,00	815,31	150,00	10.965,31	231,70	75,41
11.000,00	896,83	165,00	12.061,83	254,88	82,47
12.000,00	978,35	180,00	13.158,35	278,05	90,00
13.000,00	1.059,90	195,00	14.254,90	301,22	97,56
14.000,00	1.141,46	210,00	15.351,46	324,39	105,13
15.000,00	1.222,96	225,00	16.447,96	347,55	113,11

Aufgabe 4 (3 Punkte)

Die monatlichen Belastungen für den Kredit sind bei der Nordbank AG höher als bei der Nissan Auto Deutschland GmbH.

Erklären Sie Herrn Becker anhand von drei Aspekten den Vorteil einer Finanzierung über die Nordbank AG.

Aufgabe 5 (2 Punkte)

Herr Becker ist an Ihren Ausführungen sehr interessiert und bittet vor einem weiteren Gespräch mit der Nissan Auto Deutschland GmbH um Ihre Kreditentscheidung.

Vor einer Kreditentscheidung sind insbesondere die Kreditfähigkeit sowie auch die persönliche und die materielle Kreditwürdigkeit von Herrn Becker zu prüfen. Stellen Sie fest, welche Aussage zutrifft!

A Die Feststellung der persönlichen Kreditwürdigkeit erfolgt anhand des Personalausweises von Herrn Becker.

B Zur Beurteilung der Kreditfähigkeit holen Sie eine Schufa-Auskunft über Herrn Becker ein und informieren sich über seine bisherige Kontoführung.

C Zur Beurteilung der materiellen Kreditwürdigkeit überprüfen Sie das Beschäftigungsverhältnis von Herrn Becker auf Dauer und Befristung.

D Zur Prüfung der Kreditfähigkeit ermitteln Sie das frei verfügbare Einkommen von Herrn Becker.

E Zur Feststellung der materiellen Kreditwürdigkeit prüfen Sie, ob Herr Becker geschäftsfähig ist.

☐

Aufgabe 6 (6 Punkte)

Sie benötigen zusätzliche Angaben, um eine Kreditentscheidung treffen zu können.

Nennen Sie Herrn Becker drei Informationsquellen und erklären Sie ihm, welche Informationen Sie diesen entnehmen wollen.

Aufgabe 7 (2 Punkte)

Mithilfe der eingeholten Informationen ermitteln Sie die Kapitaldienstfähigkeit von Herrn Becker.

Berechnen Sie unter Berücksichtigung der Informationen aus der Übersicht das monatlich frei verfügbare Einkommen von Herrn Becker.

Julian Becker:	geb. am 23.07.1990, ledig
Beruf:	Kaufmann für Spedition und Logistikdienstleistungen
Gehalt:	1.943,00 EUR netto mtl.
Girokonto:	Saldo H 864,19 EUR
Sparkonto:	3-monatige Kündigungsfrist, Saldo 340,00 EUR
Bausparvertrag:	Saldo 10.015,87 EUR
Miete (Wohnung 65 qm):	357,50 EUR/mtl.

Tabelle der Haushaltspauschalen der Nordbank AG –Auszug

Bei den aufgeführten Haushaltspauschalen handelt es sich um Mindestbeträge.

Mtl. Haushaltsnettoeinkommen des Antrag- bzw. Mitantragstellers EUR	1 Person EUR	2 Personen EUR
Ab 1.250,00	400,00	620,00
Ab 1.500,00	460,00	680,00
Ab 1.750,00	520,00	740,00
Ab 2.000,00	580,00	800,00
Ab 2.250,00	690,00	910,00

Hinweise:

Folgende Positionen sind in den Haushaltspauschalen nicht inbegriffen:

- Miete
- Nebenkosten (Gas, Strom, Wasser, Grundabgaben, etc.); mindestens 2,00 EUR je Monat je qm Wohnfläche
- Kfz-Kosten; pauschal 200,00 EUR je Monat je Pkw
- Finanzierungskosten
- Unterhaltszahlungen an haushaltsfremde Personen
- Vermögensbildung (LV, Sparraten etc.)

Aufgabe 8 (2 Punkte)

Zur Absicherung des Allgemein-Verbraucherdarlehens bietet Herr Becker u.a. die Abtretung der Ansprüche aus seinem Bausparvertrag an, Bausparguthaben 10.000,00 EUR. Mit welcher Aussage informieren Sie Herrn Becker Richtig?

A Die Nordbank AG wird die Abtretung der Ansprüche aus dem Bausparvertrag der Bausparkasse gegenüber erst offenlegen, wenn Herr Becker mit der Zahlung seiner Raten in Verzug gerät.

B Die Übergabe der Bausparurkunde ist Voraussetzung für das rechtswirksame Zustandekommen des Abtretungsvertrags zwischen der Nordbank AG und Herrn Becker.

C Da die Nordbank AG im Rahmen der Abtretung nur fiduziarische Gläubigerin wird, müssen die Zinsen auf das Bausparguthaben weiterhin durch Herrn Becker versteuert werden.

D Die Abtretung der Ansprüche aus dem Bausparvertrag ist zur Besicherung des Verbraucherdarlehens nicht möglich, da die Finanzierung des Pkw keinen wohnwirtschaftlichen Zweck darstellt.

E Die Abtretung der Ansprüche aus dem Bausparvertrag kann auch in stiller Form erfolgen unter der Voraussetzung, dass Herr Becker alle Vertragsunterlagen zu dem Bausparvertrag der Nordbank AG treuhänderisch übergibt.

☐

Aufgabe 9 (1 Punkt)

Entscheiden Sie, ob Herr Becker den Kredit von der Nordbank AG erhalten kann, und begründen Sie Ihre Entscheidung.

Aufgabe 10 (1 Punkt)

Abschließend teilen Sie Herrn Becker mit, dass die Kreditrate monatlich von seinem Girokonto abgebucht wird. Ermitteln Sie mithilfe des abgebildeten Auszugs aus dem Bürgerlichen Gesetzbuch (BGB) die Anzahl von aufeinander folgenden Raten, die Herr Becker in Verzug sein muss. damit die Nordbank AG das Darlehen fällig stellen kann!

Auszug aus dem BGB

§ 498 Gesamtfälligstellung bei Teilzahlungsdarlehen

(1) Der Darlehensgeber kann den Verbraucherdarlehensvertrag bei einem Darlehen, das in Teilzahlungen zu tilgen ist. wegen Zahlungsverzugs des Darlehensnehmers nur dann kündigen, wenn 1 der Darlehensnehmer

a) mit mindestens zwei aufeinander folgenden Teilzahlungen ganz oder teilweise in Verzug ist.

b) bei einer Vertragslaufzeit bis zu drei Jahren mit mindestens 10 Prozent oder bei einer Vertragslaufzeit von mehr als drei Jahren mit mindestens 5 Prozent des Nennbetrags des Darlehens in Verzug ist...

PRÜFUNGSSATZ VII

W. Grundmann, *Abschlussprüfung Teil I*, Prüfungstraining für Bankkaufleute,
https://doi.org/10.1007/978-3-658-51639-0_7

Prüfungssatz VII

Bearbeitungszeit: 90 Minuten, 100 Punkte

Lösungen ab Seite 189

1. Fall: Anderkonto/Partnerschaftskonto *(29 Punkte)*

Situation

Am 06. September kommt Herr Carsten Müller zu Ihnen an den Beratungstisch der Nordbank AG, um ein Notaranderkonto für seinen Mandanten Hannes Busch eröffnen zu lassen. Im Zuge der Abwicklung eines Grundstückskaufvertrages hat Herr Müller für Herrn Busch (Käufer aus Hamburg) und Susanne Köhler (Verkäuferin aus Bad Oldesloe) 325.000,00 EUR zu verwalten. Der Grundstückskaufvertrag und die Auflassung wurden am 01. August dieses Jahres durch Herrn Müller beurkundet. Der Kaufpreis in Höhe von 325.000,00 EUR soll gemäß Vertrag am 13. Oktober von Herrn Busch an Frau Köhler gezahlt werden. Gleichzeitig soll das Grundstück belastungsfrei übergeben und die Umschreibung der Eigentumsverhältnisse im Grundbuch erfolgen. Die Beurkundungs- und Umschreibungsgebühren sollen nach dem Vertrag der Käufer übernehmen. Herr Müller teilt Ihnen mit, dass die Partnerschaftsgesellschaft Dr. Berger, Gruttke, Dr. Volkmann und Partner Wirtschaftsprüfungsgesellschaft – Steuerberatungsgesellschaft – Notariat bereits eine Geschäftsverbindung bei der Nordbank AG in Hamburg unterhält. Herr Müller möchte bei Ihnen ein neues Partnerschaftskonto und gleichzeitig ein Anderkonto für den o. a. Geschäftsgang errichten lassen.

Für Vertretungszwecke besitzt Carsten Müller (Rechtsanwalt und Notar) eine Kontovollmacht. Die entsprechende Vertretungsbestellungsurkunde wurde vom Landgericht Kiel ausgestellt und dem Notar ausgehändigt.

Aufgabe 1 (2 Punkte)

Welche Aussagen über Anderkonten sind richtig?

A Kontoinhaber von Anderkonten können Angehörige der steuerberatenden Berufe sein.

B Bei Anderkonten ist das kontoführende Kreditinstitut verpflichtet, die Herkunft der Mittel zu prüfen.

C Guthaben auf Anderkonten können verzinst und bei Vorliegen eines Freistellungsauftrages ohne Abgeltungssteuer gutgeschrieben werden.

D Anderkonten können als Kontokorrentkonten sowohl kreditorisch als auch debitorisch geführt werden.

E An Anderkonten steht dem kontoführenden Kreditinstitut kein Pfandrecht zu.

F Guthaben auf Anderkonten können vom Treuhänder als Sicherheit für einen vom kontoführenden Kreditinstitut gewährten Kredit abgetreten werden.

☐ ☐

Aufgabe 2 (2 Punkte)

Die Nordbank AG hatte für den Notar Carsten Müller das Notaranderkonto Busch/Köhler eröffnet. Wer ist gemäß den Bedingungen für Notaranderkonten über dieses Notaranderkonto verfügungsberechtigt?

A Herr Müller kann jeder geschäftsfähigen Person in seiner Kanzlei Vollmacht über dieses Notaranderkonto erteilen.

B Herr Müller darf nur fest angestellten Rechtsanwälten, die für ihn als Treugeber vertreten, Vollmacht über dieses Notaranderkonto erteilen.

C Jeder fest angestellte Mitarbeiter der Partnerschaft darf Vollmacht über dieses Notaranderkonto bei der Nordbank AG erhalten.

D Der amtlich bestellte Vertreter von Herrn Müller darf über dieses Notaranderkonto verfügen.

E Herr Müller darf Personen nur mit Zustimmung des Notariatsverwalters Voll-macht über dieses Notaranderkonto erteilen.

☐

Aufgabe 3 (2 Punkte)

Prüfen Sie, ob Herr Müller berechtigt ist, das Partnerschaftskonto allein zu beantragen und eröffnen zu lassen (vgl. Partnerschaftsgesetz).

Die Partnerschaftsgesellschaft ist als Partnerschaftsgesellschaft im Partnerschaftsregister eingetragen. Bei der Vertretung gilt die gesetzliche Regelung.

Auszug aus dem Partnerschaftsregister
Amtsgericht Hamburg
Name der Partnerschaft:
Dr. Berger, Gruttke, Dr. Volkmann und Partner Wirtschaftsprüfungsgesellschaft – Steuerberatungsgesellschaft – Notariat
Sitz: Hamburg
Partner und Abwickler:
Dr. Hans Uwe Berger Wirtschaftsprüfer und Steuerberater, Hamburg
Fritz Gruttke, Wirtschaftsprüfer und Steuerberater, Hamburg
Dr. Bernd Volkmann, Wirtschaftsprüfer und Steuerberater, Hamburg
Theo Berger, Steuerberater und Notar, Hamburg

Aufgabe 4 (2 Punkte)

Welche der folgenden Vorgehensweisen des Kundenberaters bei der Eröffnung des Anderkontos ist richtig?

Der Kundenberater ...

A teilt Herrn Müller mit, dass das Anderkonto nur gemeinsam mit einem vertretungsberechtigten Partner eröffnet werden kann.

B bittet darum, dass Frau Köhler und Herr von Busch zur Kontoeröffnung anwesend sind, damit der Kontovertrag rechtswirksam unterzeichnet werden kann.

C teilt Herrn Müller mit, dass Konten von Partnerschaften auf den Namen aller Partner lauten müssen.

D erklärt, dass für Konten von Partnerschaften Kontovollmachten nicht erteilt werden können.

E benötigt zur Legitimationsprüfung neben dem Personalausweis von Herrn Müller und seiner Vertretungsbestellungsurkunde einen beglaubigten Auszug neuesten Datums aus dem Partnerschaftsregister.

☐

Aufgabe 5 (2 Punkte)

Legen Sie anhand des Auszugs aus dem Partnerschaftsregister die Kontobezeichnung für die Partnerschaftsgesellschaft (**A**) und das Anderkonto (**B**) fest.

Kontobezeichnungen

1. Anderkonto Busch und Köhler
2. Carsten Müller Partnerschaft – Notariat
3. Busch/Köhler, Anderkonto Müller
4. Dr. Berger, Gruttke, Dr. Volkmann und Partner Wirtschaftsprüfungsgesellschaft – Steuerberatungsgesellschaft- Notariat
5. Dr. Berger, Gruttke, Dr. Volkmann und Partner Wirtschaftsprüfungsgesellschaft – Steuerberatungsgesellschaft – Notariat Anderkonto Busch/Köhler
6. Dr. Berger Partnerschaft Anderkonto Busch/Köhler

A	B

Aufgabe 6 (3 Punkte)

Begründen Sie, wie Sie in diesem Fall die Legitimationsprüfung durchführen.

Aufgabe 7 (3 Punkte)

Weshalb ist im Kaufvertrag nicht vorgesehen, den Kaufpreis direkt auf das Konto von Frau Köhler zu überweisen?

Aufgabe 8 (7 Punkte)

Prüfen Sie jeweils aus der Sicht der Nordbank AG, ob eine Erledigung der Aufträge nach den „Bedingungen für Anderkonten von Notaren“ unbedenklich ist. Welche Aufträge darf die Nordbank AG ausführen? Begründen Sie Ablehnungen und Ausführungen durch Angabe der entsprechenden Ziffern der Bedingungen für Anderkonten und Anderdepots von Notaren.

Bedingungen für Anderkonten und Anderdepots von Notaren

Begriffsbestimmungen

1. Für Notare werden Anderkonten und Anderdepots (beide im Folgenden „Anderkonten“ genannt) als Sonderkonten für fremde Gelder und Wertpapiere, die ihnen als Notare anvertraut wurden, eingerichtet. Der Bank gegenüber ist nur der Notar berechtigt und verpflichtet.

Kontoeröffnung

2. Bei jeder Kontoeröffnung ist der Notar verpflichtet, den Namen und die Anschrift desjenigen mitzuteilen, für dessen Rechnung er handelt. Wird das Anderkonto vom Notar für einen anderen als den nach Satz 1 benannten wirtschaftlich Berechtigten wiederverwendet, ist der Notar verpflichtet, unverzüglich Namen und Anschrift des neuen wirtschaftlich Berechtigten schriftlich mitzuteilen. Auf Wunsch des Notars kann die Bank weitere Anderkonten auch ohne schriftlichen Kontoeröffnungsantrag einrichten.
3. Ist der Notar auch Rechtsanwalt (Anwaltsnotar), so führt die Bank das Anderkonto als Rechtsanwaltsanderkonto, sofern er nicht beantragt hat, das Anderkonto als Notaranderkonto zu führen.

Kontoführung

4. Der Notar darf Werte, die ihm nicht als Notar anvertraut wurden, nicht einem Anderkonto zuführen oder auf einem Anderkonto belassen.
5. Die Eigenschaft eines Kontos als Anderkonto kann nicht aufgehoben werden. Ist der Notar auch Rechtsanwalt (Anwaltsnotar), so kann er bestimmen, dass ein Anderkonto in Zukunft als Rechtsanwaltsanderkonto zu führen ist.
6. Die Bank nimmt unbeschadet der Regelung in Nr. 2 Satz 1 und 2 keine Kenntnis davon, wer bei einem Anderkonto Rechte gegen den Notar geltend zu machen befugt ist. Rechte Dritter auf Leistung aus einem Anderkonto oder auf Auskunft über ein Anderkonto bestehen der Bank gegenüber nicht; die Bank ist demgemäß nicht berechtigt, einem Dritten Verfügungen über ein Anderkonto zu beschaffen oder Auskunft über das Anderkonto zu erteilen, selbst wenn nachgewiesen wird, dass das Konto im Interesse des Dritten errichtet worden ist.
7. Die Bank prüft die Rechtmäßigkeit der Verfügungen des Notars in seinem Verhältnis zu Dritten nicht, auch wenn es sich um Überweisungen von einem Anderkonto auf ein Eigenkonto handelt.
8. Ansprüche gegen die Bank aus Anderkonten sind nicht abtretbar und nicht verpfändbar.
9. Im Falle der Pfändung wird die Bank den pfändenden Gläubiger im Rahmen der Drittschuldnererklärung auf die Eigenschaft als Anderkonto hinweisen.
10. Die Bank wird bei einem Anderkonto weder das Recht der Aufrechnung noch ein Pfand- oder Zurückbehaltungsrecht geltend machen, es sei denn wegen Forderungen, die im Bezug auf das Anderkonto selbst entstanden sind.

Verfügungsbefugnis und Rechtsnachfolge

11. Über das Notaranderkonto darf nur der Notar persönlich, dessen amtlich bestellter Vertreter oder der Notariatsverwalter oder eine sonstige nach § 54 b Abs. 3 Beurkundungsgesetz berechtigte Person verfügen. Wenn der Notar oder Notariatsverwalter aus rechtlichen Gründen (z. B. Erlöschen des Amtes, Verlegung des Amtssitzes, vorläufige Amtsenthebung) an der Amtsausübung gehindert ist, endet seine Verfügungsbefugnis. Nach einer vorläufigen Amtsenthebung geht die Verfügungsbefugnis dem von der Landesjustizverwaltung wegen der Amtsenthebung bestellten Vertreter oder Notariatsverwalter zu, vor dessen Bestellung der zuständigen Notarkammer. Bis zur Bestellung eines Vertreters oder Notariatsverwalters bleibt der Notar Kontoinhaber ohne Verfügungsbefugnis (§ 55 Abs. 2 Satz Bundesnotarordnung). Mit der Bestellung wird der Notariatsverwalter Kontoinhaber (§ 58 Abs. 1 Bundesnotarordnung). In den übrigen Fällen wird die zuständige Notarkammer Kontoinhaber, bis die Landesjustizverwaltung einen Notariatsverwalter bestellt oder einem anderen Notar die Verfügungsbefugnis übertragen hat (§ 54 b Abs. 3 Satz 2 Beurkundungsgesetz).

Einzelverwahrung von fremden Wertpapieren und Kostbarkeiten

12. Für die Einzelverwahrung von fremden Wertpapieren und Kostbarkeiten, die nicht unter Verwendung eines Anderkontos erfolgt, gelten auf Antrag des Notars die vorstehenden Bedingungen mit Ausnahme mit Nr. 2 sinngemäß.

Geschäftsvorgänge im Zusammenhang mit dem Grundstückskauf

a) Hannes Busch überweist termingerecht am 30. September 329.000,00 EUR. Kann der Betrag dem Anderkonto gutgeschrieben werden?

b) Die Kosten der Beurkundung belaufen sich auf 1.995,00 EUR. Herr Müller erteilt der Nordbank AG den Auftrag, 1.995,00 EUR vom Anderkonto von Busch/Köhler auf sein Geschäftsgirokonto zu überweisen.

c) Da noch eine für die Umschreibung wichtige gerichtliche Unterlage fehlt, verzögert sich die Löschung der im Grundbuch noch eingetragenen Lasten der II. und III. Abteilung voraussichtlich bis Mitte November. Herr Müller legt daher am 16. Oktober 325.000,00 EUR für 30 Tage als Festgeld (Zinssatz 0,05 % p. a.) bei der Nordbank AG an.

d). Am 06. November möchte sich Herr Müller über den aktuellen Kontostand des Anderkontos von Busch/Köhler informieren.

e). Am 06. November erscheint Herr Busch bei der Nordbank AG. Er teilt Ihnen als Kundenberater(in) mit, dass sich die Umschreibung der Eigentumsverhältnisse im Grundbuch zeitlich verzögert habe und er gehört habe, dass Herr Müller die Kaufsumme von 325.000,00 EUR zinsbringend als Termingeld angelegt habe. Da das Festgeld jetzt wieder frei sein müsse, bittet er um die Auszahlung der Zinsen.

f) Die Büroleiterin der Partnerschaftsgesellschaft, Frau Ute Jakobsen, hat eine allgemeine Kontovollmacht über die Geschäftsgirokonten der Partnerschaftsgesellschaft.

Am 17. November erteilt sie der Nordbank AG den Auftrag,

- 65.000,00 EUR wegen der Ablösung des Hypothekardarlehens von Frau Köhler an die Stadtsparkasse Bad Oldesloe und
- 260.000,00 EUR auf das Girokonto von Frau Köhler bei der Handelsbank AG in Hamburg zu überweisen.

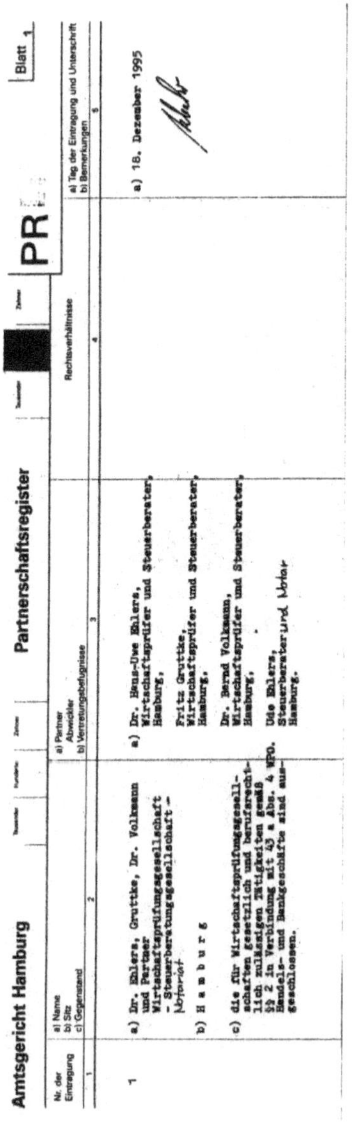

g) Da Herr von Busch am 30. September einen zu hohen Betrag auf das Anderkonto überwiesen hatte, bittet er Herrn Berger, die Umschreibungsgebühren in Höhe von 325,00 EUR vom Anderkonto von Busch/Köhler an das

Amtsgericht zu überweisen, den restlichen Betrag in Höhe von 1.680,00 EUR verlangt er zurück.

Kontenübersicht

Am 27. November verunglückt Herr Berger tödlich. Die Nordbank AG führt zu diesem Zeitpunkt für ihn sieben Anderkonten mit Guthaben von insgesamt 575.000,00 EUR zuzüglich der bis zum Todestag aufgelaufenen Zinsen in Höhe von 1.259,00 EUR.

Die Übersicht über weitere Konten weist für den Todestag folgende Werte auf:

Geschäftsgiro Helge Berger	Haben 12.560,90 EUR
Privatgiro Helge Berger	Soll 2.350,00 EUR
Sparkonto Helge Berger	25.600,90 EUR
Sparzinsen bis zum Todestag	250,80 EUR
Depot Helge und Eva Berger (Aktien) Stand 27.11.	65.300,00 EUR

Aufgabe 9 (2 Punkte)

Welchen Betrag muss die Nordbank AG der Erbschaftsteuerstelle des Finanzamts melden?

						,		

Aufgabe 10 (4 Punkte)

Geben Sie Auskunft,

a) wer nach dem Tod des Notars über die Anderkonten verfügungsberechtigt ist,

b) wer die aus den Anderkonten erzielten Zinsen zu versteuern hat.

2. Fall: Sparen nach dem Vermögensbildungsgesetz *(33 Punkte)*

Situation

Jan-Sören Baum aus Pinneberg ist seit einem Jahr Auszubildender bei der Nordbank AG in Hamburg. In seiner Funktion als Jugendvertreter wurde er vom Betriebsrat gebeten, im Rahmen einer Ausbildungsveranstaltung der Nordbank AG den 25 Auszubildenden des neuen Ausbildungsjahrgangs die Möglichkeiten des Sparens nach dem Fünften Vermögensbildungsgesetz und dem Wohnungsbau-Prämiengesetzes aufzuzeigen. In der Vergangenheit hatten sich nämlich die Auszubildenden immer wieder darüber beklagt, dass sie die vermögensbildenden Leistungen der Nordbank AG zu Beginn des Ausbildungsverhältnisses in Sparverträgen angelegt hatten, ohne genügend über die Möglichkeiten und Risiken dieser Anlageformen informiert gewesen zu sein. Bevor sich Herr Baum intensiv mit seinem Vortrag über die Vermögensbildung beschäftigt, stellt ihm ein Betriebsratsmitglied zu diesem Thema Fragen:

Aufgabe 1 (1 Punkt)

Bezüglich der Ausbildungsvergütung und den sonstigen betrieblichen Leistungen verweist die Nordbank AG in ihren Ausbildungsverträgen auf die Regelungen des laufenden Tarifvertrages. Stellen Sie die Höhe der jährlichen vermögenswirksamen Leistungen für Auszubildende fest!

Auszug aus den Tarifvereinbarungen über Leistungen nach dem Vermögensbildungsgesetz (VermBG) im Tarifvertrag für das Bankgewerbe

§ 2 Höhe der Leistungen

Die Arbeitnehmer und Auszubildenden ... erhalten für jeden Kalendermonat ... 40,00 EUR monatlich als Leistungen im Sinne des Fünften Vermögensbildungsgesetzes.

Aufgabe 2 (2 Punkte)

Ein Auszubildender der Nordbank AG möchte einen Bausparvertrag bei der Bausparkasse abschließen. Der Tarif der Bausparkasse sieht einen monatlichen Regelsparbeitrag von 4 Promille der Bausparsumme vor. Entsprechend möchte der Auszubildende monatlich 40,00 EUR in diesen Bausparvertrag einzahlen.

Berechnen Sie für den Auszubildenden die sich hieraus ergebende Bausparsumme!

Aufgabe 3 (6 Punkte)

Bevor Herr Baum seinen Vortrag über das Fünfte Vermögensbildungsgesetz ausarbeitet, bittet er seine Ausbildungsleiterin Frau Runge um Unterstützung. Frau Runge schlägt vor, den Auszubildenden erst einmal einen groben Überblick über die wesentlichen Inhalte dieses Gesetzes zu geben. Fassen Sie anhand der nachstehenden Fragestellungen die wesentlichen Inhalte des Fünften Vermögensbildungsgesetzes in einer kurzen Übersicht zusammen!

a) Welcher Personenkreis wird nach diesem Gesetz gefördert? (je Personenkreis 1 Punkt)

A Selbstständige Personen und Freiberufler, z. B. Zahnärzte

B Auszubildende

C Rentner und Pensionäre

D Richter, Beamte und Soldaten

E Arbeitnehmer mit einem zu versteuernden Einkommen von unter 35.000,00 EUR für Alleinstehende

F Arbeitnehmer mit einem Bruttoeinkommen über 40.000,00 EUR für Alleinstehende

☐ ☐

b) In welchen Verträgen und Anlageformen können die vermögensbildenden Leistungen angelegt werden (1 Punkt)?

c) Mit welchen Laufzeiten sind die jeweiligen Verträge ausgestattet (1 Punkt)?

d) Welcher Betrag kann jährlich maximal staatlich gefördert werden und wie hoch ist die Arbeitnehmer-Sparzulage in diesem Fall? (2 Punkte)

Aufgabe 4 (2 Punkte)

Frau Runge informiert Herrn Baum zunächst allgemein über das Bausparen. Welche Information zum Bausparen trifft zu?

A Der Zinssatz für Bausparguthaben wird monatlich der jeweiligen Marktlage angepasst; der Zinssatz für Darlehen bei Vertragsabschluss wird von der Bausparkasse festgelegt.

B Der Zinssatz für das Bauspardarlehen ist während der Laufzeit variabel; der Zinssatz für das Bausparguthaben wird von der Bausparkasse bei Vertragsabschluss je nach Höhe der Bausparsumme festgelegt.

C Man kann über das Bausparguthaben frühestens nach erfolgter Zuteilung ohne Einschränkung verfügen.

D Der Zinssatz für das Bausparguthaben und der Zinssatz für Darlehen werden bei Vertragsabschluss für die gesamte Vertragslaufzeit festgelegt.

E Die Einlagen auf Bausparkonten bei Bausparkassen sind besonders geschützt, da sie der gesetzlichen Aufsicht der Bausparkassen nach dem Bausparkassengesetz unterliegen.

☐

Aufgabe 5 (2 Punkte)

Herr Baum fragt Frau Runge, ob die Guthabenzinsen auf einem Bausparvertrag jährlich versteuert werden müssen. Mit welcher Aussage antwortet Frau Runge richtig?

A Zinsen auf Bausparguthaben sind grundsätzlich steuerfrei, weil Bausparen staatlich gefördert wird.

B Zinsen auf Bausparguthaben sind steuerfrei, wenn das zu versteuernde Einkommen im Jahr der Sparleistung 35.000,00/70.000,00 EUR für Alleinstehende/Verheiratete nicht übersteigt.

C Zinsen auf Bausparguthaben werden bei Zusammenveranlagung mit dem persönlichen Einkommensteuersatz von Verheirateten versteuert.

D Zinsen auf Bausparguthaben unterliegen der Abgeltungsteuer zuzüglich Solidaritätszuschlag und ggf. Kirchensteuer.

E Zinsen auf Bausparguthaben können nicht auf den Freistellungsauftrag angerechnet werden.

☐

Aufgabe 6 (2 Punkte)

Ein Bausparvertrag über 10.000,00 EUR, der nach dem Fünften Vermögensbildungsgesetz gefördert wurde, soll vor Ablauf der Bindungsfrist zulagenunschädlich aufgelöst werden. Nennen Sie zwei Situationen, in denen dieser Sparvertrag zulagenunschädlich aufgelöst werden kann.

Aufgabe 7 (2 Punkte)

Ein Bausparvertrag über 30.000,00 EUR, der nach dem Wohnungsbau-Prämiengesetz gefördert wurde, soll vor Ablauf der Bindungsfrist vorzeitig aufgelöst werden. In welchen der nachstehenden Fälle ist eine prämienunschädliche Auflösung zulässig?

A Der Bausparer nimmt eine selbstständige Tätigkeit auf und will das Bausparguthaben für die Betriebsgründung einsetzen.

B Der Bausparer ist nach Vertragsabschluss völlig erwerbsunfähig geworden.

C Der Bausparer möchte den zuteilungsreifen Bausparvertrag zur Geburt seines Kindes für den Kauf einer Kinderzimmereinrichtung verwenden.

D Der Bausparer hat geheiratet, der Bausparvertrag besteht seit drei Jahren.

E Der Bausparer beantragt vor Ablauf der Bindungsfrist die Auszahlung des Bausparguthabens und des zuteilungsreifen Bauspardarlehens für den Kauf einer Eigentumswohnung.

F Der Bausparer erwirbt einen Wohnwagen, den er auf seinem Grundstück in einem Feriengebiet für die Feriennutzung abstellen möchte.

☐ ☐

Aufgabe 8 (2 Punkte)

Erläutern Sie Frau Runge zwei Vorteile des Bausparens.

Aufgabe 9 (2 Punkte)

Frau Runge macht Herrn Baum zum sparzulagenbegünstigten Beteiligungssparen über 400,00 EUR jährlich einige Aussagen. Stellen Sie fest, welche Aussage zur Zulagenforderung richtig ist!

Welche Auskunft ist richtig?

A Die Zahlungen auf den Wertpapiersparvertrag müssen von dem Arbeitgeber aufgebracht werden.

B Mitarbeiter erhalten die Arbeitnehmer-Sparzulage, da alle Auszubildenden und Arbeitnehmer staatliche Sparförderung erhalten, wenn deren zu versteuerndes Einkommen 35.000,00 EUR nicht übersteigt.

C Der Sparer kann über seine angesparten Beträge frühestens sieben Jahre nach Vertragsabschluss verfügen, ohne die Arbeitnehmer-Sparzulage zu verlieren.

D Bei Abschluss eines Wertpapiersparvertrags (Beteiligungssparen) erhält der Sparer einen Anspruch auf eine Arbeitnehmer-Sparzulage von 20 %, wenn sein zu versteuerndes Jahreseinkommen im Jahr der Sparleistung 40.000,00 EUR nicht übersteigt.

E Bei Abschluss eines Wertpapiersparvertrags erhält der Sparer einen Anspruch auf eine Arbeitnehmer-Sparzulage von 10 %, sofern sein Jahresbruttoeinkommen im Jahr der Sparleistung 80.000,00 EUR nicht übersteigt.

☐

Aufgabe 10 (2 Punkte)

Erklären Sie Herrn Baum, wie eine sparzulagenunschädliche Verfügung beim Beteiligungssparen möglich ist.

Aufgabe 11 (2 Punkte)

Stellen Sie fest, welche der nachfolgenden Verträge mit einer Arbeitnehmer-Sparzulage gefördert werden können!

A Sparvertrag über den Erwerb von Anteilscheinen an einem Fonds, der überwiegend in Aktien anlegt.

B Abschluss eines Vertrags über eine Kapitalversicherung auf den Erlebens- und Todesfall oder Abschluss einer Restschuldversicherung bei Verbraucherdarlehensgewährung

C Abschluss eines dynamischen Sparvertrages mit einem jährlich steigenden Bonus

D Abschluss eines Bausparvertrags

E Abschluss eines Wertpapier-Kaufvertrages mit dem Arbeitgeber zum Erwerb von Wandelanleihen der Gesellschaft.

F Sparvertrag über den Erwerb von Anteilscheinen an einem Rentenfonds. Gesellschaft

Aufgabe 12 (2 Punkte)

Frau Runge fragt Herrn Baum, welche Erwartung wird bei einem Sparer erfüllt, wenn er

A einen Investmentsparvertrag abschließt?

B einen Bausparvertrag abschließt?

Ordnen Sie zu!

1 „Ich will kurzfristige Verfügbarkeit ohne Substanzverlust."

2 „Ich will auch mit kleinen Beträgen am Aktienmarkt dabei sein."

3 „Ich will eine sichere Anlage mit marktgerechter Rendite."

4 „Ich will laufende Information durch wöchentliche Kontoauszüge."

5 „Ich will keine Kosten, keine Provisionen, keine Gebühren und kein Risiko."

A	B

Aufgabe 13 (2 Punkte)

Frau Runge stellt Herrn Baum ein Rechenbeispiel über staatlich geförderte vermögenswirksame Leistungen vor. Ein Angestellter erhält von seinem Arbeitgeber eine vermögenswirksame Leistung in Höhe von 650,00 EUR jährlich. Wie kann dieser Betrag angelegt werden, wenn die staatliche Sparförderung optimal ausgeschöpft werden soll.

Aufgabe 14 (2 Punkte)

Zum Schluss der Informationsveranstaltung werden die noch offenen Fragen der Auszubildenden beantwortet.

Wann und wie kann die Arbeitnehmer-Sparzulage beantragt werden?

Aufgabe 15 (2 Punkte)

Frau Runge teilt Herrn Baum noch mit, dass Auszubildende ab 16 Jahre auch staatliche Förderung nach dem Wohnungsbau-Prämiengesetz von 10 % für einen Bausparbetrag von jährlich 700,00 EUR erhalten können, wenn das zu versteuernde Einkommen bei Alleinstehenden nicht mehr als 35.000,00 EUR beträgt. Herr Baum fragt Frau Runge, wann und wie die Wohnungsbau-Prämie beantragt werden kann?

3. Fall: Anschaffung eines Wohnwagens *(38 Punkte)*

Situation

Das Ehepaar Herwig bewohnt einen kleinen, ehemaligen Bauernhof in der Nähe von Norderstedt. Da beide seit langem leidenschaftliche Wassersportler sind, wollen sie in diesem Jahr einen komfortablen Wohnwagen anschaffen. Auf der letzten Hanseboot (Internationale Bootsmesse) haben sie sich bei einem Auricher Wohnwagenhersteller ein preisgünstiges Angebot eingeholt. Der Wohnwagen soll 40.000,00 EUR kosten und frei Haus geliefert werden. Beide Ehepartner sind berufstätig, haben aber nur 20.000,00 EUR an Barmitteln zur Verfügung. Deshalb bitten sie die Kundenberaterin der Nordbank AG, Frau Sandra Winter, um Finanzierungshilfe.

Aufgabe 1 (4 Punkte)

Welche Unterlagen bzw. Informationen benötigt Frau Winter für die Kreditprüfung? Nennen Sie vier Dokumente!

Aufgabe 2 (4 Punkte)

Stellen Sie für das beantragte Darlehen des Ehepaares Herwig

a) den Darlehensbetrag

b) die Gesamtkosten des Kreditengagements

c) den Sollzinssatz

d) die monatlichen Raten (59 gleich hohe Raten + 60 Ausgleichsrate) fest.

Gehen Sie davon aus, dass das Ehepaar das Darlehen in 60 Monaten getilgt haben möchte.

Auszug aus dem Konditionentableau der Nordbank AG
Monatliche Ratenübersicht bei einem Sollzinssatz von 7,50 %

Darlehen in EUR	30 Mon.* EUR	36 Mon.* EUR	42 Mon.* EUR	47 Mon.* EUR	54 Mon.* EUR	60 Mon.* EUR
10.000,00	365,00	310,00	270,00	245,00	215,00	200,00
20.000,00	730,00	620,00	540,00	490,00	435,00	400,00
30.000,00	1.100,00	930,00	810,00	730,00	650,00	600,00
40.000,00	1.450,00	1.240,00	1.080,00	980,00	870,00	795,00
50.000,00	1.800,00	1.540,00	1.340,00	1.220,00	1.080,00	990,00

* Die Raten sind auf volle EUR gerundet. Der Ausgleich erfolgt über die letzte Rate.

Darlehen in EUR	30 Mon. Gesamtzinsen in EUR	36 Mon. Gesamtzinsen in EUR	42 Mon. Gesamtzinsen in EUR	47 Mon. Gesamtzinsen in EUR	54 Mon. Gesamtzinsen in EUR	60 Mon. Gesamtzinsen in EUR
10.000,00	1.051,00	1.263,00	1.473,00	1.654,00	1.908,00	2.131,00
20.000,00	2.036,00	2.443,00	2.857,00	3.201,00	3.692,00	4.124,00
30.000,00	3.053,00	3.666,00	4.285,00	4.805,00	5.543,00	6.180,00
40.000,00	4.071,00	4.886,00	5.713,00	6.409,00	7.394,00	8.248,00
50.000,00	5.089,00	6.109,00	7.142,00	8.013,00	9.245,00	10.316,00

Aufgabe 3 (3 Punkte)

Ermitteln Sie nach den Kriterien der Nordbank AG für die Kreditwürdigkeitsprüfung bei privaten Verbraucherdarlehen das frei verfügbare Einkommen der Eheleute Herwig (mit Rechenweg).

Kriterien der Nordbank AG für die Kreditwürdigkeitsprüfung bei privaten Anschaffungsdarlehen:

Bei den monatlichen Haushaltsausgaben geht die Nordbank AG von einem Bedarfssatz von 400 EUR für jeden Erwachsenen aus. Für unvorhergesehene Ausgaben werden 30 % vom frei verfügbaren Einkommen angesetzt.

Das monatliche Nettoeinkommen von Herrn Herwig beträgt 2.050,00 EUR, das von Frau Herwig 1.450,00 EUR.

Als monatliche Durchschnittsausgaben gibt das Ehepaar an:

Gesamtmiete einschl. Nebenkosten	1.150,00 EUR
Kosten für Pkw	400,00 EUR
Lebenshaltungskosten	600,00 EUR
Sonstige Ausgaben (Kapitallebensversicherung, Bausparen)	200,00 EUR
Rücklage für Unvorhergesehenes	250,00 EUR
Ratenkredit bei der Sparkasse Norderstedt, Restlaufzeit 6 Monate	187,50 EUR
Gesamtaufwendungen	2.787,50 EUR

Aufgabe 4 (2 Punkte)

Entscheiden Sie, ob dieses Darlehen von der Nordbank AG gewährt werden kann! Begründen Sie Ihre Entscheidung!

Aufgabe 5 (4 Punkte)

Welche vorvertraglichen Informationen zu diesem Verbraucherdarlehen muss Frau Winter dem Ehepaar Herwig in Textform zur Verfügung stellen? Nennen Sie vier vorvertragliche Informationen!

Aufgabe 6 (2 Punkte)

Da das Ehepaar Herwig vor Abschluss eines Darlehensvertrags noch Vergleichsangebote einholen möchte, bittet das Ehepaar Herwig Frau Winter, ihr das Kreditangebot mit nach Hause zu geben. Wie verhält sich Frau Winter richtig?

A Frau Winter gibt die vorvertraglichen Informationen nur heraus, wenn es zum Abschluss des Darlehensvertrags kommt.

B Frau Winter händigt dem Ehepaar die Europäischen Standardinformationen für Verbraucherkredite mit dem Hinweis aus, dass es sich um ein unverbindliches Angebot handelt.

C Frau Winter gibt dem Ehepaar Herwig angemessene Erläuterungen zu der vom Ehepaar gewünschten Finanzierung und händigt dem Ehepaar die Europäischen Standardinformationen für Verbraucherkredite aus.

D Frau Winter gibt dem Ehepaar Herwig lediglich einen Tilgungsplan für das dem Ehepaar angebotene Darlehen, da daraus alle wesentlichen Daten ersichtlich sind.

E Frau Winter teilt dem Ehepaar Herwig nur formlos den Sollzinssatz für das von der Nordbank AG angebotene Darlehen mit, damit es einen Vergleich mit anderen Angeboten vornehmen kann.

☐

Aufgabe 7 (5 Punkte)

Zur Sicherung des Darlehens bietet Frau Winter dem Ehepaar Herwig den Abschluss einer Restschuldversicherung an.

a) Das Ehepaar möchte wissen, wann der Versicherungsschutz beginnt.

b) Das Ehepaar möchte außerdem von Frau Winter wissen, welche Risiken mit dieser Versicherung abgedeckt werden sollen.

c) Wann und in welcher Höhe leistet die Versicherung in den jeweiligen Versicherungsfällen?

Allgemeine Versicherungsbedingungen für die Restschuldversicherung (Auszug)

A Allgemeines zu Ihrer Versicherung

Wir möchten Ihnen vorab einige Begriffe erläutern, die in den Versicherungsbedingungen verwendet werden.

Versicherungsnehmer: Der Versicherungsnehmer ist der Gläubiger der Zahlungsverpflichtung (z. B. das Kreditinstitut), der die versicherte Person zum Vertrag angemeldet hat. Er wird als solcher im Vertrag benannt. Die Beitrittserklärung ist gleichzeitig Versicherungsbestätigung.

Versicherte Person: Die versicherte Person im Sinne dieser Bedingungen ist diejenige Person – bei Partnerversicherungen, soweit nicht anders geregelt, all diejenigen Personen –, auf deren Leben der Baustein zur Restschuldversicherung abgeschlossen worden ist.

B Allgemeine Versicherungsbedingungen

§ 1 Was ist versichert?

(1) Bei Tod der versicherten Person während der Versicherungsdauer zahlen wir die Versicherungsleistung in Höhe der am Tag des Todes bestehenden Restforderung des Kreditgebers aus dem Kredit, zu dem diese Restschuldversicherung abgeschlossen wurde, maximal jedoch das vereinbarte Garantiekapital. Das Garantiekapital reduziert sich monatlich um den im Vertrag angegebenen Betrag.

(2) Die Versicherung ist nicht überschussberechtigt, es werden keine Überschussanteile fällig.

(3) Ist die Versicherung auch auf den Arbeitsunfähigkeitsfall abgeschlossen und wird die versicherte Person während der Versicherungsdauer arbeitsunfähig, so zahlen wir eine monatliche Arbeitsunfähigkeitsrente. Der Anspruch auf Arbeitsunfähigkeitsrente entsteht nach Ablauf von sechs Wochen nach Eintritt der Arbeitsunfähigkeit. (...)

Der Anspruch auf Arbeitsunfähigkeitsrente erlischt, wenn die Arbeitsunfähigkeit endet. (...)

Arbeitsunfähigkeit im Sinne dieser Bedingungen liegt vor, wenn die versicherte Person infolge Gesundheitsstörungen, die ärztlich nachzuweisen sind, außerstande ist, ihre bisherige oder eine andere Tätigkeit auszuüben, die aufgrund ihrer Ausbildung und Erfahrungen ausgeübt werden kann und ihrer bisherigen Lebensstellung entspricht.

§ 2 Wann beginnt der Versicherungsschutz?

Der Versicherungsschutz beginnt, wenn der Einmalbetrag gezahlt wurde, frühestens jedoch zu dem im Versicherungsvertrag genannten Versicherungsbeginn. Vor Abschluss des Versicherungsvertrags sowie vor Auszahlung der Darlehenssumme besteht jedoch noch kein Versicherungsschutz.

Aufgabe 8 (2 Punkte)

Das Ehepaar Herwig hat sich nach Abwägung verschiedener Angebote entschlossen, den Darlehensvertrag sowie eine Restschuldversicherung bei der Nordbank AG abzuschließen. Der Versicherungsvertrag wurde von dem Ehepaar Herwig wie gesetzlich verlangt sieben Tage nach Abschluss des Kreditvertrages unterschrieben. Wie kann die Nordbank AG das Ausfallrisiko während der Laufzeit des Darlehens überwachen!

A Die Nordbank AG prüft den regelmäßigen Eingang der Darlehensrate auf dem Kontokorrentkonto des Ehepaares Herwig.

B Die Nordbank AG verzichtet auf die Risikoüberwachung, da das Ehepaar eine Restschuldversicherung abgeschlossen hat.

C Die Nordbank AG führt vierteljährlich eine Analyse der Umsätze auf dem Kontokorrentkonto des Ehepaares durch, um die Lebenshaltungskosten zu überprüfen und ggf. Veränderungen festzustellen.

D Sie kontrollieren regelmäßig, ob die Rückführung des Darlehens gemäß den vertraglichen Vereinbarungen erfolgt.

E Sie überwachen, ob Herr Herwig die Prämie für seine KFZ-Haftpflichtversicherung regelmäßig bezahlt, damit im Falle des Totalschadens des Pkw die Rückführung des Darlehens aus der Versicherungsleistung erfolgen kann.

☐

Aufgabe 9 (2 Punkte)

Frau Winter möchte den Kredit zusätzlich besichern und schlägt eine Gehaltsabtretung vor. Mit Frau Herwig kann eine Gehaltsabtretung nicht vereinbart werden, da in ihrem Arbeitsvertrag eine evtl. Gehaltsabtretung ausgeschlossen wurde. Deshalb bittet Frau Winter Herrn Herwig die nachstehend auszugsweise angegebene Sicherungsvereinbarung zu unterschreiben.

Nordbank AG

Sicherungsvereinbarung (Ausschnitt)

Herr/Frau Jürgen Herwig – nachstehend Sicherungsgeber genannt – bestellt der Fördebank AG die unten angeführte Sicherheit. Gesichert werden bankmäßige Ansprüche der Nordbank AG gemäß nachfolgend begrenztem Sicherungszweck gegen

Herrn/Frau Jürgen Herwig – nachstehend Kreditnehmer genannt.

Gesichert werden alle Forderungen der Nordbank AG gegen den Kreditnehmer aus Darlehen 19978234

1. Der Sicherungsgeber tritt der Nordbank AG alle ihm zustehenden pfändbaren Lohn-, Gehalts- und sonstigen Forderungen aus dem Arbeitsverhältnis sowie Entgeltansprüche als freier Mitarbeiter gegen den derzeitigen sowie gegen zukünftige Arbeitgeber/Dienstherrn mit sofortiger Wirkung ab. Derzeitiger Arbeitgeber ist Jungheinrich AG
2. Die Abtretung erfolgt mit sofortiger Wirkung. Sie beschränkt sich auf den jeweils pfändbaren Teil der Ansprüche. Die Abtretung ist auf insgesamt 20.000,00 EUR begrenzt.

Die Nordbank AG ist berechtigt, die ihr abgetretenen Forderungen und die Sicherungsrechte offen zu legen und zu verwerten,

- wenn ihre gesicherten Forderungen fällig sind und der Kreditnehmer mit seinen Zahlungen in Verzug ist oder
- der Kreditnehmer seine Zahlungen eingestellt hat oder
- ein gerichtliches Insolvenzverfahren über sein Vermögen beantragt worden ist.

Die Nordbank AG wird die Offenlegung und Verwertung mit angemessener Nachfrist vorab androhen, sobald dies nicht untunlich ist. Diese Frist wird so bemessen sein, dass sie dem Sicherungsgeber sowohl das Vorbringen von Einwendungen als auch das Bemühen um Zahlung der geschuldeten Beträge zur Abwendung der Verwertung möglich ist. Sie wird in der Regel 4 Wochen betragen. …

Erklären Sie Herrn Herwig die Rechtsstellung der Nordbank AG, die sich aus der unterzeichneten Sicherungsvereinbarung ergibt.

Aufgabe 10 (2 Punkte)

Zwei Wochen später teilt die Nordbank AG dem Ehepaar Herwig mit, dass die Nordbank AG bereit ist, das Anschaffungsdarlehen zu gewähren. Nach der Einholung eines zweiten Darlehensangebots bei einer anderen Bank ist das Ehepaar Herwig bereit, mit der Nordbank AG den Kreditvertrag abzuschließen. Außerdem ist das Ehepaar Herwig nach einer einwöchigen Bedenkzeit mit dem Abschluss einer Restschuldversicherung einverstanden.

Frau Winter erklärt vor Abschluss des Darlehensvertrages und nach separatem Abschluss des Versicherungsvertrages dem Ehepaar noch sein Widerrufsrecht, dessen Wortlaut Frau Winter in Textform übergibt.

Wann beginnt die Widerrufsfrist zu laufen?

Aufgabe 11 (2 Punkte)

Welche Rechtsfolgen hat ein rechtzeitig eingegangener Widerruf?

Aufgabe 12 (2 Punkte)

Erläutern Sie Herrn Herwig zwei Rechtsfolgen im Zusammenhang mit dem fiduziarischen Charakter der Sicherungsvereinbarung der Gehaltsabtretung.

Aufgabe 13 (2 Punkte)

Frau Winter bittet Herrn Herwig außerdem ein Blanko-Benachrichtigungsschreiben zu unterzeichnen. Begründen Sie, warum die Nordbank AG sich ein Blankobenachrichtigungsschreiben unterzeichnen lässt.

Aufgabe 14 (2 Punkte)

Nach drei Jahren Kreditlaufzeit stellt die Nordbank AG im Rahmen der Kreditüberwachung fest, dass sich das Ehepaar Herwig mit insgesamt drei aufeinander folgenden monatlichen Raten in Rückstand befindet. Das Darlehen valutiert aktuell mit 21.850,00 EUR. Mit welchen zwei Maßnahmen beschreiben Sie die weitere Bearbeitung dieses Darlehens richtig?

A Es wird unverzüglich ein Pfändungs- und Überweisungsbeschluss beim zuständigen Amtsgericht beantragt, um die Zwangsvollstreckung Lohn- bzw. Gehaltsforderungen von Herrn Herwig betreiben lassen zu können.

B Das Ehepaar Herwig wird schriftlich über die Höhe des restlichen Darlehensbetrags sowie die anfallenden Verzugszinsen und Kosten informiert sowie über seine Verpflichtung, werthaltige Sicherheiten zu stellen.

C Der Darlehensvertrag wird gekündigt und sofortig fällig gestellt.

D Dem Ehepaar Herwig wird ein Gespräch über die Möglichkeiten einer einvernehmlichen Regelung angeboten.

E Die Nordbank AG kündigt den Kredit und setzt dem Ehepaar Herwig eine zweiwöchige Frist für die Rückzahlung des Restdarlehens mit dem Hinweis, dass innerhalb dieser Frist die gesamte Restschuld fällig ist.

F Die Nordbank AG kann das Darlehen erst kündigen, wenn das Ehepaar Herwig mit mindestens 10 % der ursprünglichen Darlehenssumme in Verzug ist.

PRÜFUNGSSATZ VIII

W. Grundmann, *Abschlussprüfung Teil I*, Prüfungstraining für Bankkaufleute,
https://doi.org/10.1007/978-3-658-51639-0_8

Prüfungssatz VIII

Lösungen ab Seite 197

Bearbeitungszeit: 90 Minuten, 100 Punkte

1. Fall: Konto für einen Sportverein *(35 Punkte)*

Situation

Sie sind Kundenberater(in) der Nordbank AG. Heute führen Sie ein Beratungsgespräch mit Frank Krause. Herr Krause ist neben Herrn Ralf Müller 1. Vorsitzender des Sportvereins SC Norderstedt e.V. und möchte ein Girokonto für diesen Verein bei der Nordbank AG eröffnen lassen. Herr Krause möchte seine Vereinsbuchhaltung auf eine kostengünstige vierteljährliche Beitragszahlung umstellen. Bisher wurde den 4500 Vereinsmitgliedern die Zahlungsweise ihrer monatlich fälligen Beiträge freigestellt. Sie schlagen Herrn Krause den Einzug der Beiträge mittels SEPA-Basis-Lastschriftverfahren vor.

Aufgabe 1 (3 Punkte)

Von der Umstellung auf das SEPA-Basis-Lastschriftverfahren erwartet der Verein mehrere Vorteile. Welche der folgenden Aussagen treffen in diesem Zusammenhang zu?

A Arbeitserleichterungen bei der Kontrolle der Zahlungseingänge.

B Mahnschreiben für säumige Vereinsmitglieder entfallen zukünftig, da bei allen Mitgliedern aufgrund der eingereichten SEPA-Basis-Lastschriften die Mitgliedsbeiträge jetzt vom Verein eingezogen werden.

C Auch wenn von einem Vereinsmitglied keine schriftliche Einzugsermächtigung (SEPA-Lastschriftmandat) vorliegt, kann der Kassierer per SEPA-Basis-Lastschrift den fälligen Jahresbeitrag einziehen lassen, da es sich um eine sog. Bagatelllastschrift handelt.

D Die Umstellung auf das SEPA-Basis-Lastschriftverfahren bedeutet pünktliche Zahlungseingänge, da der Verein selbst den Zeitpunkt der Zahlung bestimmen kann.

E Sollte die SEPA-Basis-Lastschrift mangels Deckung zurückkommen, so wird die Lastschrift noch einmal von der Nordbank AG erneut zum Einzug gebracht.

F Über die Gesamtgutschrift kann der Verein sofort in voller Höhe verfügen, da SEPA-Basis-Lastschriften in Verbindung mit einem Lastschriftmandat von den Zahlungspflichtigen nicht zurückgegeben werden können.

☐ ☐

Aufgabe 2 (4 Punkte)

Mit welchen Argumenten kann Herr Krause die Vereinsmitglieder für dieses neue Einzugsverfahren gewinnen? Nennen Sie zwei Argumente!

Aufgabe 3 (2 Punkte)

Herr Krause möchte nun wissen, wie das SEPA-Basis-Lastschriftverfahren funktioniert. Wie beraten Sie Herrn Krause richtig?

A Die Zahlstelle löst bei nicht ausreichender Kontodeckung nur einen Teilbetrag der Lastschrift ein.

B Sofern ein Vereinsmitglied einer autorisierten Lastschrift widersprechen möchte, muss dies innerhalb von sechs Wochen nach der Belastungsbuchung erfolgen.

C Durch das SEPA-Lastschriftmandat autorisiert das Vereinsmitglied sein Kreditinstitut, die Lastschriften des Vereins einzulösen.

D Die Angabe eines Fälligkeitsdatums im Lastschriftdatensatz durch den Verein ist nicht zulässig.

E Die Zahlstelle ist nicht berechtigt, ein Rückgabeentgelt zu berechnen.

☐

Aufgabe 4 (2 Punkte)

Im Zusammenhang mit der Kontoeröffnung möchte Herr Krause wissen,
warum er sich wegen der Kontoeröffnung für seinen Verein legitimieren muss.
Welche der Aussagen sind zutreffend?

A Eine Legitimationsprüfung ist gesetzlich vorgeschrieben, um festzustellen, wie der Verein vom Finanzamt steuerlich eingestuft wird.

B Zur Legitimation von Herrn Krause ist die Zulassungsbescheinigung 1 oder ein amtlich gültiger Lichtbildausweis erforderlich, um die Art seiner Vertretungsbefugnis für den Verein festzustellen.

C Die Bank hat kein Eigeninteresse an einer Legitimationsprüfung mittels Personalausweis. Die Überprüfung des Personalausweises soll lediglich aus gesetzlichen Gründen durchgeführt werden, um Steuerhinterziehung zu vermeiden.

D Zur Legitimation von Herrn Krause ist sein amtlich gültiger Personalausweis oder in Ausnahmefällen sein Führerschein (Zulassungsbescheinigung 2) zulässig, um seine persönlichen Daten im Kontoeröffnungsantrag zu überprüfen.

E Im Zusammenhang mit der Legitimationsprüfung verlangen Sie von Herrn Krause auch die Vorlage eines aktuellen Vereinsregisterauszuges, um festzustellen, ob Herr Krause das Vereinskonto alleine eröffnen lassen kann.

F Vor der Kontoeröffnung muss sich Herr Krause mit einem amtlich gültigen Personalausweis und einem aktuellen Vereinsregisterauszug legitimieren, um den Kontovertrag rechtswirksam zu schließen.

☐ ☐

Aufgabe 5 (6 Punkte)

Beschreiben Sie Herrn Krause drei rechtliche Vereinbarungen, die erfüllt sein müssen, damit der Sportverein dieses Lastschriftverfahren anwenden kann.

Aufgabe 6 (3 Punkte)

Herr Krause möchte von Ihnen wissen, welche Verpflichtungen sich für den Sportverein gegenüber der Nordbank AG aus der Teilnahme an diesem Lastschriftverfahren ergeben.

Nennen Sie Herrn Krause drei dieser Verpflichtungen.

Aufgabe 7 (3 Punkte)

Welche Informationen muss ein gültiges SEPA-Lastschriftmandat enthalten? Nennen Sie drei Informationen!

Sie teilen Herrn Krause mit, dass Sie eine betragsmäßige Obergrenze für die einzureichenden Lastschriften (Lastschriftenobligo) festlegen müssen.

Aufgabe 8 (2 Punkte)

Erklären Sie Herrn Krause, warum die Festlegung einer solchen Obergrenze erfolgt. Welche Aussage zum Lastschriftobligo ist richtig?

A Das Lastschriftobligo ist der Höchstbetrag, bis zu dem Rücklastschriften dem Konto des SC Norderstedt täglich belastet werden dürfen.

B Das Lastschriftobligo wird dem SC Norderstedt neben der Gläubiger-Identifikationsnummer durch die Deutsche Bundesbank mitgeteilt.

C Das Lastschriftobligo ist der Höchstbetrag einer einzelnen, vom SC Norderstedt der Nordbank AG einzureichenden Lastschrift.

D Das Lastschriftobligo gibt den Betrag an, bis zu dem die Nordbank AG Lastschriften eines Zahlungsempfängers bei der Bundesfinanzdienstleistungsaufsicht zum Einzug des Gegenwerts einreichen darf.

E Das Lastschriftobligo stellt die betragsmäßige Obergrenze dar, bis zu welcher der SC Norderstedt Lastschriften bei der Nordbank AG einreichen darf.

☐

Aufgabe 9 (2 Punkte)

Um das kostengünstigste Kontomodell zu bestimmen, bitten Sie Herrn Krause um Informationen über die voraussichtlich anfallenden Buchungen auf dem Konto. Herr Krause schätzt die Zahl der Rücklastschriften auf maximal elf Stück pro vierteljährlichem Beitragseinzug und die zusätzlich durch beleghafte Einzelüberweisungen monatlich anfallenden Buchungen auf maximal 30 Stück. Den Einzug der Mitgliedsbeiträge will er mit Hilfe von Datenträgern abwickeln.

Empfehlen Sie Herrn Krause das für den Sportverein kostengünstigere Kontomodell, und begründen Sie Ihre Empfehlung, indem Sie die voraussichtlichen Kosten für den Sportverein pro Quartal bei den beiden Kontomodellen ermitteln.

Kontomodelle der Nordbank AG (Auszug)

	Kontomodell 1	Kontomodell 2
Monatlicher Grundpreis	6,00 EUR	12,00 EUR
Beleglose Buchungen pro Stück	0,60 EUR	0,15 EUR
Beleghafte Buchungen pro Stück	1,50 EUR	2,50 EUR

Herr Krause entscheidet sich für die Eröffnung eines Vereinskontos. Er legt Ihnen den aktuellen, beglaubigten Auszug aus dem Vereinsregister Norderstedt vor. Die Kontobezeichnung soll „SC Norderstedt" lauten.

Aufgabe 10 (2 Punkte)

Prüfen Sie, ob Herr Krause das neue Vereinskonto allein beantragen kann und begründen Sie Ihre Entscheidung?

Vereinsregister des Amtsgerichts Kiel		Nummer des Vereins: VR 1033		
Nummer der Eintragung	**a) Name b) Sitz**	**a) Allgemeine Vertretungsregelung b) Vertretungsberechtigte und besondere Vertretungsbefugnis**	**a) Satzung b) Sonstige Rechtsverhältnisse**	**a) Tag der Eintragung b) Bemerkungen**
1	**2**	**3**	**4**	**5**
1	a) SC Norderstedt - 1985 e. V. b) Norderstedt	a) Der vertretungsberechtigte Vorstand besteht aus dem Vorsitzenden und den beiden stellvertretenden Vorsitzenden. Jeweils zwei Vorstandsmitglieder vertreten den Verein gemeinsam. Vorsitzender: Linke, Bastian, Norderstedt, *15.03.1949 stellvertretende Vorsitzende: Fürste, Inge, Norderstedt, *19.04.1958 stellvertretende Vorsitzende: Kölln, Sabine, Norderstedt, 04.02.1964	a) eingetragener Verein Satzung vom 20.12.1985, zuletzt geändert am 17.05.2004	a) 22.06.1986
2		b) Bastian Linke und Inge Fürste gehören nicht mehr dem Vorstand an. Bestellt als 1. Vorsitzender: Krause, Frank, Norderstedt, *15.06.1965 Bestellt als stellvertretender Vorsitzender: Müller, Ralf, Norderstedt, *18.09.1968		

Aufgabe 11 (2 Punkte)

Bevor der Kontovertrag unterschrieben wird, weisen Sie den Vorstand noch auf die Allgemeinen Geschäftsbedingungen (AGB) der Nordbank AG hin.

Welche Aussage zu den AGB ist richtig?

A Die AGB gelten nur für die Geschäftsbeziehungen mit Privat- und Firmenkunden. Mit Vereinen müssen spezielle Einzelvereinbarungen getroffen werden.

B Wird eine Regelung der AGB von der Nordbank AG geändert, muss der Vorstand des Vereins dieser Änderung innerhalb eines Monats schriftlich zustimmen.

C Die AGB ergänzen gesetzliche Vorschriften und einzelvertragliche Vereinbarungen zwischen der Nordbank AG und ihren Kunden.

D Erst wenn die Nordbank AG den Verein über die AGB unterrichtet hat, gelten diese für die Geschäftsbeziehung zwischen dem SC Norderstedt und der Nordbank AG.

E Durch die Regelungen in den AGB überträgt die Nordbank AG die Haftung aus der Geschäftsbeziehung auf den Verein.

☐

Aufgabe 12 (2 Punkte)

Nach erfolgter Legitimationsprüfung sind Sie bereit, das Konto für den SC Norderstedt zu eröffnen.
Stellen Sie fest, unter welcher Bezeichnung die Nordbank AG das Konto führen muss!

A Frank Krause Fußballclub Norderstedt

B Frank Krause und Ralf Müller für Sportclub Schwarz-Gelb Norderstedt e.V.

C Sportclub Norderstedt Schwarz-Gelb

D SC Norderstedt 1985 e.V.

E SC Norderstedt 2004 e.V.

☐

Aufgabe 13 (2 Punkte)

Abschließend informieren Sie Herrn Krause noch über den Ablauf des SEPA-Basislastschriftverfahrens

Bringen Sie die einzelnen Schritte des Ablaufs des SEPA-Basislastschriftverfahrens in die richtige Reihenfolge.

A Vereinbarungen über das Beleglose Lastschriftinkasso

B Belastung des Kontos des Vereinsmitgliedes

C Einholung gültiger Lastschriftmandate

D Beantragung einer Gläubiger-Identifikationsnummer und Festlegung einer Mandatsreferenznummer

E Einreichung der SEPA-Basislastschriften

1	2	3	4	5

2. Fall: Bausparen und vermögenswirksame Leistungen *(34 Punkte)*

Situation

Sie sind Kundenberater der Nordbank AG. Susanne Köhler, 21 Jahre, beginnt in Kürze eine Ausbildung zur Kauffrau für Büromanagement bei der Speditions-AG in Hamburg. Für die Überweisung der Ausbildungsvergütung haben Sie für Frau Köhler in der letzten Woche ein Girokonto eröffnet. Heute beraten Sie Frau Köhler über die Anlage ihrer Vermögenswirksamen Leistungen (VL). Frau Köhler wird monatlich 30,00 EUR VL von der Speditions-AG erhalten.

Aufgabe 1 (2 Punkte)

Frau Köhler möchte sich von Ihnen über die Anlage der vermögenswirksamen Leistungen beraten lassen. Welche Aussage trifft zu?

A „Sie müssen die Arbeitnehmer-Sparzulage von 30,00 EUR von Ihrem Girokonto monatlich auf ein Sonderkonto „VL" überweisen, um die staatliche Sparförderung zu erhalten."

B „Sie können als staatlich geförderte Anlageprodukte zwischen Fondssparplänen, Lebensversicherungsverträgen sowie Bausparverträgen wählen."

C „Ihnen wird die Arbeitnehmer-Sparzulage jährlich nachträglich auf ihrem Förderkonto gutgeschrieben."

D „Sie können die Arbeitnehmer-Sparzulage mit Hilfe eines Dauerantrags einmalig bei ihrem zuständigen Finanzamt beantragen."

E „Um die höchstmögliche Arbeitnehmer-Sparzulage zu erhalten, müssen Sie einen Bausparvertrag und einen Beteiligungssparvertrag abschließen und zusätzliche eigene Einzahlungen vornehmen lassen."

☐

Aufgabe 2 (3 Punkte)

Frau Köhler hat von der Möglichkeit gehört, vermögenswirksame Leistungen in einen Bausparvertrag anzulegen, und bittet Sie um entsprechende Informationen.

Erklären Sie Frau Köhler drei Vorteile des Bausparens.

Aufgabe 3 (2 Punkte)

Sie erläutern Frau Köhler die Bestandteile des Bausparvertrags. Wie informieren Sie Frau Köhler richtig?

A Bei Abschluss eines Bausparvertrags verpflichtet sich Frau Köhler zur Inanspruchnahme des Bauspardarlehens. wenn die Zuteilung durch die Bausparkasse erfolgt.

B Bei der Aufnahme des Bauspardarlehens muss der Bausparer keine Sicherheiten stellen, da bei Bausparverträgen die Stellung von Sicherheiten wegen des vorhandenen Bausparguthabens ausreicht.

C Die Höhe der Abschlussgebühr, die dem Bausparer berechnet wird, ist nicht Bestandteil des Bausparvertrags.

D Nach Abschluss des Bausparvertrags kann Frau Köhler im Rahmen des von ihr gewählten Tarifs durch eine Verkürzung der Ansparphase die Höhe des Darlehenszinssatzes beeinflussen.

E Bei Abschluss eines Bausparvertrags wird der Zinssatz für die Ansparzeit und der Zinssatz für das Bauspardarlehen und die Voraussetzungen für die Auszahlung der Bausparsumme entsprechend eines Tarifs mit Frau Köhler vereinbart.

☐

Aufgabe 4 (4 Punkte)

Sie erklären Frau Köhler, dass der Bausparvertrag vom Abschluss bis zur Darlehensrückzahlung in mehreren Schritten abgewickelt wird.

Beschreiben Sie vier dieser Schritte.

Aufgabe 5 (3 Punkte)

Sie beraten Frau Köhler über die Möglichkeiten der staatlichen Sparförderung. Sie wird voraussichtlich ein zu versteuerndes Jahreseinkommen in Höhe von 13.500,00 EUR haben.

Erklären Sie Frau Köhler drei Voraussetzungen, die erfüllt werden müssen, damit sie zukünftig die Arbeitnehmersparzulage für die auf den Bausparvertrag eingezahlten VL erhält.

Aufgabe 6 (5 Punkte)

Sie informieren Frau Köhler, dass sie bei der Speditions-AG beantragen kann, über die tarifliche Leistung hinaus zusätzliche Leistungen auf den Bausparvertrag zu überweisen.

Ermitteln Sie unter Angabe des Rechenwegs

a) die zusätzliche jährlich zu erbringende Leistung zum Erhalt der höchstmöglichen Arbeitnehmersparzulage. (3 Punkte)
b) die maximale Höhe der Arbeitnehmersparzulage pro Jahr. (2 Punkte)

Aufgabe 7 (3 Punkte)

Frau Köhler entscheidet sich daraufhin für die Anlage der höchstmöglichen VL in einen Bausparvertrag. Im weiteren Gesprächsverlauf erzählt Ihnen Frau Köhler, dass sie darüber hinaus monatlich 50,00 EUR ansparen möchte. Sie erkundigt sich bei Ihnen, ob sie auch diesen Betrag in dem Bausparvertrag anlegen kann. Sie bestätigen diese Anlagemöglichkeit und informieren Frau Köhler über eine weitere Form der staatlichen Förderung des Bausparens.

Nennen Sie Frau Köhler eine weitere Form der staatlichen Sparförderung des Bausparens, den Höchstbetrag der staatlichen Förderung pro Person und den Prozentsatz der Förderung.

Aufgabe 8 (2 Punkte)

Ermitteln Sie unter Angabe des Rechenwegs die maximale Höhe dieser staatlichen Förderung für den von Frau Köhler angelegten Betrag.

Aufgabe 9 (4 Punkte)

Frau Köhler entscheidet sich, neben den 470,00 EUR staatlich geförderten jährlichen vermögenswirksamen Leistungen auch diesen zusätzlichen Betrag von monatlich 50,00 EUR in dem Bausparvertrag anzulegen. Für den Abschluss des Bausparvertrages benötigen Sie noch die Höhe der Bausparsumme.

Ermitteln Sie unter Angabe des Rechenwegs die Höhe der Bausparsumme bei einem angenommenen Regelsparbeitrag von vier Promille der Bausparsumme pro Monat (Ergebnis auf volle Tausend EUR aufrunden).

Aufgabe 10 (2 Punkte)

Wie erhält Frau Köhler die festgesetzte Arbeitnehmer-Sparzulage?

Die festgesetzte Arbeitnehmer-Sparzulage wird ...

A nach Beantragung beim zuständigen Finanzamt in der Einkommensteuererklärung einmal jährlich ihrem Anlagekonto gutgeschrieben.

B nach jährlicher Beantragung bei ihrem Finanzamt und nach Ablauf der Sperrfrist auf ihr Anlagekonto gutgeschrieben.

C auf Antrag jährlich von der Speditions-AG auf ihr Anlagekonto überwiesen.

D auf Antrag nach Ablauf der Sperrfrist von der Bausparkasse auf ihr Anlagekonto überwiesen.

E formlos am 15. März eines jeden Jahres auf ihr Anlagekonto von ihrem Finanzamt überwiesen.

☐

Aufgabe 11 (2 Punkte)

Sie teilen Frau Köhler mit, dass sie ihre vermögenswirksamen Leistungen auch in einen sparzulagenbegünstigten Investmentfonds anlegen kann. In diesem Zusammenhang möchte sich Frau Köhler auch über die Erteilung eines Freistellungsauftrags pro Person informieren. Welche Aussage hierzu ist richtig?

A Erteilt Frau Köhler der Nordbank AG einen Freistellungsauftrag für Erträge aus diesem Investmentfonds, so gilt dieser auch für Erträge aus anderen Kapitalanlagen, z. B. Sparzinsen aus einem Sparvertrag mit der Nordbank AG.

B Ein im laufenden Jahr nicht ausgeschöpfter Freibetrag kann auf den Freistellungsauftrag für das nächste Jahr übertragen werden und erhöht den Freibetrag für das kommende Kalenderjahr.

C Der Freistellungsauftrag berücksichtigt Einkünfte aus Kapitalvermögen bis zur Erreichung der Freigrenze von 2.000,00 EUR.

D Der Freistellungsauftrag gilt für sämtliche Einkünfte, die Frau Köhler im laufenden Kalenderjahr erzielt hatte, unabhängig von der Einkunftsart.

E Wird der Freistellungsauftrag im laufenden Jahr in Anspruch genommen, so kann sich ein verbleibender Freibetrag wieder erhöhen, wenn Verluste aus dem Verkauf von Investmentanteilen im selben Jahr realisiert werden.

☐

Aufgabe 12 (2 Punkte)

Sie schließen den Bausparvertrag mit Frau Köhler noch heute ab. Die für 2024 vereinbarten Leistungen gehen im Dezember 2024 auf dem Bausparvertrag ein.

Nennen Sie den Zeitpunkt, bis zu dem Frau Köhler die Anträge auf staatliche Sparförderung für diese Leistungen spätestens gestellt haben muss.

3. Fall: Notleidender Kredit *(31 Punkte)*

Situation

Sie sind Kundenberater/-in der Nordbank AG. Ihr Kunde Jürgen Maler hat vor einem Jahr mit der Nordbank AG ein Verbraucherdarlehen abgeschlossen. Mit dem Kreditbetrag hatte er den Neukauf eines Pkw teilfinanziert. Herr Maler ist ledig, kinderlos, 28 Jahre alt und seit fünf Jahren als Elektriker bei der Haustein GmbH tätig. Sein monatliches Nettoeinkommen beträgt 1.654,00 EUR.

Aufgabe 1 (3 Punkte)

Vor Abschluss des Verbraucherdarlehens hatte die Nordbank AG u.a. auch eine materielle Kreditwürdigkeitsprüfung mit Herrn Maler durchgeführt. Stellen Sie fest, welche Aussage dazu zutrifft!

A Die Feststellung der persönlichen Kreditwürdigkeit erfolgt anhand des Personalausweises von Herrn Maler.

B Zur Beurteilung der Kreditfähigkeit holt die Nordbank AG eine Schufa-Auskunft über Herrn Maler ein und informiert sich über seine bisherige Kontoführung.

C Zur Beurteilung der materiellen Kreditwürdigkeit überprüft die Nordbank AG das Beschäftigungsverhältnis von Herrn Maler auf Dauer und Befristung.

D Zur Prüfung der Kreditfähigkeit ermittelt die Nordbank AG das frei verfügbare Einkommen von Herrn Maler.

E Zur Feststellung der materiellen Kreditwürdigkeit prüft die Nordbank AG, ob Herr Maler geschäftsfähig ist.

☐

Aufgabe 2 (4 Punkte)

Folgende Daten aus der Geschäftsverbindung mit Herrn Maler liegen Ihnen heute vor:

Kontenübersicht:

Kontokorrentkonto	3.312,49 EUR Soll Dispositionskredit: 2.800,00 EUR	
Ratenkredit	Ursprungsbetrag: 12.000,00 EUR Ursprungslaufzeit: 60 Monate Zinssatz: 3,95 % p. a.	Restsaldo: 9.666,64 EUR Restlaufzeit: 48 Monate

Die Abbuchung der monatlichen Miete über 640,00 EUR hat dazu geführt, dass sich das Kontokorrentkonto von Herrn Maler in der Überziehungsliste befindet. Deshalb hat die Nordbank AG Bedenken, dass Herr Maler seinen Ratenkredit zukünftig nicht mehr ordnungsgemäß zurückzahlen wird. Die fällige Rate wird in zehn Tagen abgebucht und das Gehalt kommt erst am Ende des Monats.

Nennen Sie neben der dauerhaften Ausnutzung des Dispositionskredits vier weitere Signale aus der Geschäftsbeziehung mit Herrn Maler, die auf einen zukünftigen notleidenden Privatkundenkredit hindeuten könnten.

Aufgabe 3 (3 Punkte)

Für heute ist der Kreditberater der Nordbank AG mit Herrn Maler verabredet, um mit ihm über seine finanzielle Lage zu sprechen. Sie erfahren von ihm, dass seine finanzielle Situation angespannt ist.

Beschreiben Sie Herrn Maler drei Möglichkeiten, wie er seine finanzielle Situation entspannen kann.

Aufgabe 4 (3 Punkte)

Zur Absicherung des Ratenkredits wurden die Lohn- und Gehaltsansprüche durch Herrn Maler still abgetreten. Er befürchtet nun, dass die Nordbank AG wegen seiner angespannten finanziellen Situation die Abtretung offenlegen wird.

Wann kann eine Offenlegung gegenüber dem Arbeitgeber bei einer Abtretung der Lohn- und Gehaltsansprüche erfolgen?

A Die Offenlegung kann jederzeit erfolgen.

B Die Offenlegung kann nur erfolgen, wenn Herr Maler mit mindestens zwei Monatsraten in Verzug ist und weitere Voraussetzungen erfüllt sind.

C Die Offenlegung kann nur nach Androhung und Einhaltung einer Wartefrist von einer Woche erfolgen. Weitere Voraussetzungen müssen erfüllt sein.

D Die Offenlegung kann nur im Einvernehmen mit Herrn Maler erfolgen.

E Die Offenlegung muss in der Betriebsordnung des Arbeitgebers vorgeschrieben sein.

☐

Aufgabe 5 (3 Punkte)

Herr Maler möchte wissen, ob sein gesamtes monatliches Nettogehalt im Falle der Sicherheitenverwertung von der Nordbank AG einbehalten wird. Erläutern Sie Herrn Maler, ob seine Befürchtungen berechtigt sind.

§ 850 C Zivilprozessordnung (ZPO) Pfändungsgrenzen für Arbeitseinkommen

(1) Arbeitseinkommen ist unpfändbar, wenn es, je nach dem Zeitraum, für den es gezahlt wird, nicht mehr als

1. 1.499,99 EUR monatlich, ...

beträgt.

(2) 1 Gewährt der Schuldner auf Grund einer gesetzlichen Verpflichtung seinem Ehegatten, einem früheren Ehegatten, seinem Lebenspartner, einem früheren Lebenspartner, einem Verwandten oder nach den §§ 1615l und 1615n des Bürgerlichen Gesetzbuchs einem Elternteil Unterhalt, so erhöht sich der Betrag nach Absatz 1 für die erste Person, der Unterhalt gewährt wird, und zwar um

1. 443,57 EUR monatlich,

Aufgabe 6 (3 Punkte)

Ermitteln Sie unter Angabe des Rechenwegs für Herrn Maler die Höhe seines pfändbaren Gehaltsanteils.

☐☐☐,☐☐

Aufgabe 7 (5 Punkte)

Sie erarbeiten mit Herrn Maler Lösungen, seine angespannte finanzielle Situation zu entschärfen. Leider hält sich Herr Maler nicht an die mit Ihnen getroffenen Vereinbarungen. Der Dispositionskredit wird auch in den nächsten Wochen deutlich überzogen. Der Ratenkredit wird von Herrn Maler nicht mehr ordnungsgemäß bedient. Die Nordbank AG möchte nun den Ratenkredit fällig stellen.

Beschreiben Sie fünf gesetzliche Voraussetzungen für die Gesamtfälligstellung des Darlehens.

Aufgabe 8 (3 Punkte)

Etwa ein Jahr nach Auszahlung des Darlehens hatte Herr Maler die Zahlung der Raten eingestellt. Einen vereinbarten Gesprächstermin nimmt er nicht wahr. Der Kredit wird Not leidend. Folgende Angaben zu dem Darlehen liegen der Nordbank AG vor:

Darlehensnennbetrag:	12.000,00 EUR
Laufzeit:	60 Monate
Monatliche Rate:	220,00 EUR

Ermitteln Sie mithilfe des Auszugs aus dem BGB die Anzahl der aufeinander folgenden Raten, mit denen Herr Maler in Verzug sein muss, damit die Nordbank AG das Darlehen kündigen kann!

BGB § 498 Gesamtfälligstellung bei Teilzahlungsdarlehen (Auszug)

1) Der Darlehensgeber kann den Verbraucherdarlehensvertrag bei einem Darlehen, das in Teilzahlungen zu tilgen ist, wegen Zahlungsverzugs des Darlehensnehmers nur dann kündigen, wenn
   1. der Darlehensnehmer
      a) mit mindestens zwei aufeinander folgenden Teilzahlungen ganz oder teilweise in Verzug ist,
      b) bei einer Vertragslaufzeit bis zu drei Jahren mit mindestens 10 Prozent oder bei einer Vertragslaufzeit von mehr als drei Jahren mit mindestens 5 Prozent des Nennbetrags des Darlehens in Verzug ist (...)

Aufgabe 9 (4 Punkte)

Nach Fälligstellung des Darlehens entschließt sich die Nordbank AG das gerichtliche Mahnverfahren einzuleiten.

Beschreiben Sie den Ablauf des gerichtlichen Mahnverfahrens, wenn Herr Maler weder Zahlung leistet noch Widerspruch bzw. Einspruch einlegt.

INFOPOOL

W. Grundmann, *Abschlussprüfung Teil I*, Prüfungstraining für Bankkaufleute,
https://doi.org/10.1007/978-3-658-51639-0

Formelsammlung

Die Formelsammlung ist Bestandteil des Prüfungsaufgabensatzes und bei der Bearbeitung der Prüfungsaufgaben verbindlich zu verwenden.

Kontoabschluss, Verzinsung und Zinstageermittlung

1 Abschluss eines Kontokorrentkontos

- Der Abschluss eines Kontokorrentkontos von Privatkunden erfolgt zum Ablauf eines Kalenderquartals, von gewerblichen Kunden zum Ablauf eines Kalendermonats.

2 Verzinsungen

- Es werden auch Bruchteile von Euro (Cent) verzinst.

3 Sichteinlagen und Einlagen auf Tagesgeldkonten

- Die Verzinsung beginnt mit dem Tag der Einzahlung und endet mit dem der Rückzahlung vorhergehenden Kalendertag.
- Deutsche Methode der Zinsrechnung (30/360)

4 Termineinlagen

- Die Verzinsung beginnt mit dem Tag der Einzahlung und endet mit dem der Rückzahlung vorhergehenden Kalendertag.
- Privatkunden: Deutsche Methode der Zinsrechnung (30/360)
- Gewerbliche Kunden: Eurozinsmethode (act/360)

5 Spareinlagen mit 3-monatiger Kündigungsfrist

- Die Verzinsung beginnt mit dem Tag der Einzahlung und endet mit dem der Rückzahlung vorhergehenden Kalendertag.
- Deutsche Methode der Zinsrechnung (30/360)
- Progressive Zinsberechnung
- Die Berechnung der Kündigungsfrist beginnt mit dem auf den Tag der Kündigung folgenden Kalendertag.
- Verfügungen über Zinsen innerhalb von zwei Monaten nach Kapitalisierung erfolgen ohne Berechnung eines Vorfälligkeitsentgelts (Vorschusszinsen).
- Verfügungen bis zu einem Gesamtbetrag von 2.000,00 EUR innerhalb eines Kalendermonats erfolgen ohne Berechnung eines Vorfälligkeitsentgelts (Vorschusszinsen).
- Die Berechnung eines Vorfälligkeitsentgelts (Vorschusszinsen) erfolgt nach der 90-Tage-Methode.
- Wird über einen gekündigten Betrag nicht innerhalb eines Monats verfügt, unterliegt dieser Betrag wieder der vereinbarten Kündigungsfrist.

6 Sparbriefe

- Die Verzinsung beginnt mit dem Tag des Erwerbs und endet mit dem der Rückzahlung vorhergehenden Kalendertag.
- Deutsche Methode der Zinsrechnung (30/360)

Aktuelle Eurobeträge, Freigrenzen und Freibeträge

Meldung an die Erbschaft-steuerstelle im Todesfall	Kontoguthaben über 5.000,00 EUR
Pfändungsschutz auf dem P-Konto	1.560,00 EUR im Kalendermonat pro Person ab 01.07.2025 (§ 850 c ZPO)
Identifizierungspflicht des Kunden nach dem GwG	bei der Annahme oder Abgabe von Bargeld, Wertpapieren oder Edelmetallen im Wert von 15.000,00 EUR oder mehr
Verfügung über Spareinlagen ohne vorherige Kündigungsfrist nach der Rechnungslegungs-verordnung	2.000,00 EUR
Haftungshöchstgrenze bei Bank- und Kreditkarten für Kunden vor Verlustmitteilung	50,00 EUR
EU-Einlagensicherung	100.000,00 EUR pro Anleger
Einlagensicherung des Bundes-verbandes deutscher Banken	8,75 % des haftenden Eigenkapitals mind. 438.000,00 EUR pro Gläubiger
Sparen nach dem Vermögensbildungsgesetz	
Vermögenswirksames Sparen	
Sparhöchstbetrag	470,00 EUR jährlich pro Arbeitnehmer
Arbeitnehmersparzulage für Arbeitnehmer in % pro Jahr	9 % höchstens 43,00 EUR
Einkommensgrenzen	40.000,00 EUR / 80.000,00 EUR jährlich für Ledige / Verheiratete
Mindestsparleistung	13,00 EUR monatlich regelmäßig bzw. 39,00 EUR im Kalenderjahr
Sperrfrist	7 Jahre ab Vertragsschluss
Beteiligungssparen	
Arbeitnehmersparzulage für Beteiligungssparen pro Jahr	20 %
Sparhöchstbetrag für Beteiligungssparen u. ä.	400,00 EUR jährlich je Arbeitnehmer
Einkommensgrenzen	40.000,00 EUR / 80.000,00 EUR jährlich für Ledige / Verheiratete
Sperrfrist	Ansparzeit 6 Jahre, 7 Jahre ab 01.01. des Jahres der ersten Einzahlung
Mindestsparleistung	13,00 EUR monatlich bzw. 39,00 EUR im Kalenderjahr

Sparen nach dem Wohnungsbauprämiengesetz	
Jährlicher Sparhöchstbetrag	700,00 EUR p.P.
Wohnungsbauprämie	10 % jährlich
Einkommensgrenzen	35.000,00 EUR / 70.000,00 EUR jährlich für Ledige / Verheiratete
Sperrfristen	Bei Bausparverträgen: 7 Jahre beginnend mit dem Tag des Vertragsabschlusses Bei Wertpapiersparverträgen: 7 Jahre beginnend mit dem 01.01. des Jahres der ersten Einzahlung
Mindestsparleistung	50,00 EUR je Person
Zulagen nach dem Altersvorsorgegesetz (Riesterrente)	
Gesamtbeitrag pro Jahr in % des sozialversicherungspflichtigen Vorjahreseinkommens	4 %, maximal 2.100,00 EUR
Jährliche Grundzulage	Maximal 175,00 EUR
Maximale jährliche Kinderzulage je Kind	185,00 EUR Kinder, die nach dem 01.01.2008 geboren sind, erhalten eine Kinderzulage von 300,00 EUR.
Zulage für Berufseinsteiger unter 25 Jahre	Einmalige zusätzliche Grundzulage von 200,00 EUR
Sockelbetrag	60,00 EUR pro Jahr
Freibeträge bei Einkünften aus Kapitalerträgen nach dem EStG	
Sparer-Pauschbetrag für Ledige/Verheiratete pro Jahr	1.000,00 EUR / 2.000,00 EUR
Werbungskostenpauschbetrag	1.230,00 EUR jährlich pro Arbeitnehmer
Sonderausgaben-Pauschbetrag **Ausbildungsfreibetrag (auswärtige Unterbringung)**	36,00 EUR / 72,00 EUR Ledige/Verheiratete 1.200,00 EUR
Eingangssteuersatz **Spitzensteuersatz**	14 % 45 %
Abgeltungsteuer **Körperschaftsteuer**	25 % 15 %
Grundfreibetrag	2026: 12.348,00/24.696,00 EUR Ledige/Verheiratete

Internationaler Zahlungsverkehr	
EU-Überweisung	Gemäß der EU-Preisverordnung darf ein Kreditinstitut für grenzüberschreitende Überweisungen in EUR bis zu einem Betrag von 50.000 EUR, die mit S.W.I.F.T.-BIC und IBAN und Kontonummer versehen sind, keine höheren Entgelte erheben, als für entsprechende Inlandsüberweisungen.
Meldepflichten im Außenwirtschaftsverkehr: Geleistete und empfangene Zahlungen aus Transithandel, sonstigem Warenverkehr, Dienstleistungen, Übertragungen, Kapitalverkehr	ab 12.500,00 EUR
Beitragsbemessungsgrenzen der Sozialversicherungen für 2026 pro Monat / Jahr	
Ges. Krankenversicherung und Ges. Pflegeversicherung	5.812,50 EUR p. M./ 69.750,00 EUR p. a.
Rentenversicherung und Arbeitslosenversicherung	8.450,00 EUR p. M./ 101.400,00 EUR p. a.
Versicherungspflichtgrenze in der gesetzlichen Krankenkasse und Pflegeversicherung	6.450,00 EUR p. M./ 77.400,00 EUR p. a.

Beitragssätze der Sozialversicherungen für 2026			
Krankenversicherung	14,6 % + Zuschlag je nach Krankenkasse		
Ges. Pflegeversicherung	Der AG-Anteil beträgt immer 1,8 %		
		AN-Anteil	insgesamt
	AN unter 23 Jahre kinderlos,	1,80 %	3,60 %
	AN ab 23 Jahre kinderlos	2,40 %	4,20 %
	AN mit 1 Kind (Alter egal)	1,80 %	3,60 %
	AN mit 2 Kinder unter 25 Jahren	1,55 %	3,35 %
	AN mit 3 Kinder unter 25 Jahren	1,30 %	3,10 %
	AN mit 4 Kinder unter 25 Jahren	1,05 %	2,85 %
	AN mit 5 und mehr Kindern unter 25 Jahren	0,80 %	2,60 %
Rentenversicherung	18,6 %		
Arbeitslosenversicherung	2,6 %		

Weitere wichtige Beträge	
Mindestgrundkapital bei der Rechtsform der AG	50.000,00 EUR
Mindeststammkapital bei der Rechtsform der GmbH	25.000,00 EUR

LÖSUNGEN

W. Grundmann, *Abschlussprüfung Teil I*, Prüfungstraining für Bankkaufleute,
https://doi.org/10.1007/978-3-658-51639-0

Prüfungssatz I

1. Fall: Konto für einen Auszubildenden

Aufgabe 1 D und E

Der Kontovertrag mit Simone ist nach dem BGB schwebend unwirksam. Zur Rechtswirksamkeit ist daher die Zustimmung zum Girovertrag von den Eltern von Frau Esche abhängig. Mit 18 Jahren wird Simone volljährig und damit voll geschäftsfähig.

Aufgabe 2 B und F

Die Eltern müssen der Kontoeröffnung zustimmen und sich persönlich legitimieren, damit der Kontovertrag rechtswirksam zustande kommt.

Aufgabe 3 B und F

Aufgabe 4

- Grundsatz der Kontenwahrheit nach § 154 AO, um Steuerhinterziehungen zu verhindern.
- Pflicht zur Identifizierung von Kontoinhabern nach GwG
- Sorgfaltspflicht und Eigeninteresse der Nordbank AG
- Prüfung der Geschäftsfähigkeit, um die Rechtswirksamkeit künftiger Kontoverfügungen sicherzustellen.
- Prüfung der devisenrechtlichen Stellung, da für Gebietsfremde ggf. Sonderbestimmungen gelten, sodass das Konto als Ausländer-Euro-Konto gekennzeichnet werden muss.

(je Aspekt 1 Punkt, maximal 3 Punkte)

Aufgabe 5

- Handeln auf eigene Rechnung: Das Konto wird für Zwecke von Simone verwendet;
- Handeln auf fremde Rechnung: Das Konto von Simone wird für Zwecke Dritter verwendet.

(je Bedeutung 1 Punkt, maximal 2 Punkte)

Aufgabe 6

-Verhinderung von Steuerhinterziehung

-Verhinderung von Geldwäsche

-Verhinderung der Finanzierung terroristischer Vereinigungen

(je Aspekt 2 Punkte, maximal 4 Punkte)

Aufgabe 7

Möglichkeiten der Verfügungsberechtigung:
- alleinige Verfügungsberechtigung
- Erteilung einer Vollmacht an eine volljährige, vertraute Person

Nutzungsmöglichkeiten des Kontos:
- Verfügung mittels SEPA-Überweisung, Dauerauftrag, oder SEPA-Lastschrift im Rahmen des Kontoguthabens (einschl. des Dispos)
- Übertragung von Beträgen auf Sparkonto oder andere Geldanlagekonten
- Teilnahme am halbbaren bzw. bargeldlosen Zahlungsverkehr mittels Bankkarte.

(je Aspekt 1 Punkt, maximal 4 Punkte)

Aufgabe 8

- Anfertigung einer Kontoleitkarte
- DV-Eingabe der Kundenstammdaten und Kontomerkmale
- Aktualisierung des Stockregisters

(je Aspekt 1 Punkt, maximal 2 Punkte)

Aufgabe 9

Da Frau Esche minderjährig ist, ist die Erteilung einer Vollmacht nach § 111 BGB (einseitiges Rechtsgeschäft mit Minderjährigen) nichtig.

Dem 20-jährigen Bruder kann somit keine Kontovollmacht erteilt werden.

(vgl. § 165 BGB)

Aufgabe 10

Nach § 165 BGB wird die Wirksamkeit einer von einem Vertreter abgegebenen Willenserklärung nicht dadurch beeinträchtigt, dass der Vertreter in der Geschäftsfähigkeit beschränkt ist.

Mit ihrer Volljährigkeit kann Frau Esche einem minderjährigen Bruder eine Kontovollmacht erteilen.

Die Legitimationsprüfung ist aufgrund der Sorgfaltspflicht erforderlich.

Auch aufgrund von § 154 der Abgabenordnung ist die Legitimation des Bruders erforderlich, um Steuerhinterziehung zu vermeiden.

Aufgabe 11 E

Aufgabe 12 A und F

Aufgabe 13

Da keine Negativmerkmale über Simone bei der Schufa gespeichert sind und auch keine anderen Negativmerkmale der Nordbank AG vorliegen, kann das Girokonto eröffnet werden.

Aufgabe 14

Kontomodell Classic	Kontomodell Direct
- beleghaft erteilte Aufträge preiswerter als beim Online-Banking - mehr Kontakt zu den Mitarbeitern der Bank - keine spezielle Technik erforderlich	- beleglose Zahlungen kostenfrei - Nutzung des Kontos 24 Std. möglich - beleglose Erteilung von Aufträgen - niedriges monatliches Kontoführungsentgelt

(je Vorteil 1 Punkt, maximal 4 Punkte)

Aufgabe 15

- Internetseite der Nordbank AG aufrufen
- mit PIN/Passwort in das Online-Konto einloggen
- Änderung des Dauerauftrags vornehmen
- mit einer SMS TAN oder einer Photo-TAN oder im Rahmen des HBCI-Verfahrens die Änderung bestätigen

(je Aspekt 0,5 Punkte, maximal 2 Punkte)

Aufgabe 16 A und **E**

Aufgabe 17

Sechs Wochen nach Zugang der Abrechnung, also der 14.02. (Dienstag)

Aufgabe 18

Simone kann auch nach Fristablauf eine Berichtigung des Rechnungsabschlusses verlangen, muss dann aber beweisen, dass ihr Konto zu Unrecht belastet wurde.

Vgl. Ziffer 7 Abs. 2 der AGB der Banken (Rechnungsabschlüsse bei Kontokorrentkonten)

(2) Einwendungen wegen Unrichtigkeit oder Unvollständigkeit eines Rechnungsabschlusses hat der Kunde spätestens innerhalb von sechs Wochen nach dessen Zugang zu erheben; macht er seine Einwendungen geltend, genügt die Absendung innerhalb der 6-Wochen-Frist. Das Unterlassen rechtzeitiger Einwendungen gilt als Genehmigung. Auf diese Folge wird die Bank bei Erteilung des Rechnungsabschlusses besonders hinweisen. Der Kunde kann auch nach Fristablauf eine Berichtigung des Rechnungsabschlusses verlangen, muss dann aber beweisen, dass zu Unrecht sein Konto belastet oder eine ihm zustehende Gutschrift nicht erteilt wurde.

2. Fall: Bausparen und Spareinlagen

Aufgabe 1

Leistungen des Arbeitgebers und zusätzliche Leistungen des Arbeitnehmers, die der Arbeitgeber an das Anlageunternehmen direkt überweist

Aufgabe 2 E

vgl. § 13 Abs. 1 Vermögensbildungsgesetz.

Einkommensgrenze für Verheiratete 80.000,00 EUR. Bei Überschreiten der Einkommensgrenze gibt es zwar keine Arbeitnehmer-Sparzulage mehr, aber tarifliche vermögenswirksame Leistungen bleiben den Sparern erhalten. Die Einkommensgrenze bei Ledigen bzw. Verheirateten beträgt 40.000,00 bzw. 80.000,00 zu versteuerndes Einkommen.

Aufgabe 3

Anlageformen	maximal geförderte Anlagehöchstbeträgen	staatlichen Förderung	Einkommensgrenzen
VL-Sparvertrag	beliebig	0 %	entfällt
Kapitallebensversicherung	beliebig	0 %	entfällt
Bausparvertrag VL Wohnungsbauprämie	 470 EUR p. a. VL 700 EUR p. a. Eigenleistung	 9 % AN-Sparzulage 10 % WoP	 40.000/80.000 EUR 35.000/70.000 EUR
Wertpapiersparvertrag (Produktivvermögen)	400 EUR p. a.	20 % AN-Sparzulage	40.000/80.000 EUR

(je Betragseintragung 1 Punkt, maximal 9 Punkte)

Aufgabe 4

2 * 470,00 + 2 * 700,00 + 2 * 400,00 = **3.140,00 EUR**

Aufgabe 5

Ja, sind unter dem Betrag von 70.000 EUR am Ende der Laufzeit, also z. B. bei Fälligkeit des Bauspardarlehens

(je Antwort 1 Punkt, maximal 2 Punkte)

Aufgabe 6 B

vgl. WoPG. Mit der Zuteilung erreicht der Bausparer sein Vertragsziel. Er kann ohne Kündigung über sein Bausparguthaben und über das Bauspardarlehen verfügen. Das Bauspardarlehen kann nur für wohnwirtschaftliche Maßnahmen des Bausparers oder eines seiner Angehörigen verwendet werden. Sofern eine Wohnungsbau-Prämie oder eine Arbeitnehmer-Sparzulage beansprucht wurde und die Bindungsfrist noch nicht abgelaufen ist, ist eine prämienunschädliche Verwendung des Bausparguthabens nur bei Nachweis der Verwendung für wohnwirtschaftliche Zwecke möglich.

Aufgabe 7
Ja, Einkommensgrenze des Ehepaares Hoffmann liegt unter 80.000,00 EUR zu versteuerndes Einkommen.

Aufgabe 8 C
vgl. § 2 Abs. 6 VermBG: Vermögenswirksame Leistungen sind steuerpflichtige Einnahmen im Sinne des EStG und Einkommen im Sinne der Sozialversicherung.

Aufgabe 9

1	2
E	**C**

Wohnungsbauprämie vgl. § 4 Abs. 2 WoPG: Die Prämie ist nach amtlich vorgeschriebenem Vordruck bis zum Ablauf des zweiten Kalenderjahrs, das auf das Sparjahr folgt, bei dem Unternehmen zu beantragen, an das die prämienbegünstigten Aufwendungen geleistet worden sind.

Arbeitnehmer-Sparzulage vgl. § 14 Abs. 4 VermBG: Die Arbeitnehmer-Sparzulage wird auf Antrag durch das für die Besteuerung des Arbeitnehmers nach dem Einkommen zuständige Finanzamt festgesetzt.

Aufgabe 10

51,20 EUR

Rechenweg:

(28.000 x 0,2 x 336) : (360 x 100) – (1.500 x 0,2 x 128) : (360 x 100) =
52,27 – 1,07

Aufgabe 11 B

Aufgabe 12

2,04 EUR

Rechenweg:

(16.300 EUR x 0,05 x 90) : (360 x 100) = 2,037 EUR

3. Fall: Ratenkredit

Aufgabe 1

Einkommen	3.500,00 EUR
- Miete	870,00 EUR
- Pkw	300,00 EUR
- Lebenshaltung	1.100,00 EUR
- sonstige Kosten	200,00 EUR
verfügbares Einkommen	1.030,00 EUR
- 30% Rücklagen darauf	309,00 EUR
zumutbare Belastung	721,00 EUR

Aufgabe 2 **C** und **D**

Kreditwürdig sind Kunden, von denen eine ordnungsgemäße Erfüllung ihrer Kreditverpflichtungen erwartet werden kann. Die Kreditwürdigkeit wird in die persönliche und die materielle Kreditwürdigkeit unterschieden:

- Persönliche Kreditwürdigkeitsprüfung anhand der Aspekte Familienstand, berufliche Stellung, Dauer des Arbeitsverhältnisses, ordnungsgemäße Erfüllung bisheriger Verpflichtungen (Unterlagen: Selbstauskunft, Kontounterlagen, Schufa-Auskunft, Arbeitsvertrag, Bankauskünfte)
- Materielle Kreditwürdigkeitsprüfung anhand der Aspekte Ermittlung des frei verfügbaren Resteinkommens, Vermögensverhältnisse (Unterlagen: Gehaltsnachweise, Selbstauskunft, Budgetrechnung, Kontounterlagen, Depotauszüge, Grundbuchauszüge)

Zu A: betrifft die persönliche Kreditwürdigkeitsprüfung

Zu B: betrifft die Prüfung der Kreditfähigkeit

Zu E: betrifft die materielle Kreditwürdigkeitsprüfung

Zu F: betrifft die persönliche Kreditwürdigkeitsprüfung

Aufgabe 3

Zinsen für den 1. Monat: 110,90 EUR
Rechenweg:
26.670 x 4,99 : (100 x 12)

Rückzahlung für den 1. Monat: 555,63 EUR
Rechenweg: 26.670 : 48
Der Kredit kann gewährt werden:
zumutbare Belastung für Herrn Bartel: 721,00 EUR
Die erste monatliche Rate einschließlich Zinsen 555,63 + 110,90 EUR = 666,53 EUR
Die nachfolgenden 47 Raten fallen wegen der monatlichen Rückzahlungsbeträge geringer aus.

Aufgabe 4

Wohnmobil SÜ 30 % von 37.000 EUR 11.100,00 EUR

Aufgabe 5

Zulassungsbescheinigung Teil I
Prämienzahlungen durch DA sicherstellen

Aufgabe 6

Festgeld: Anzeige an NordHypo mit der Bitte um Kontosperre, evtl. Verzicht auf AGB-Pfandrecht

Aufgabe 7 A

vgl. auch Vertrag über die Übereignung von Gegenständen.

Merkmale der Sicherungsübereignung: Der Sicherungsnehmer wird durch Vertrag treuhänderischer Eigentümer der Sache nach § 930 BGB (Besitzkonstitut). Ist der Eigentümer im Besitze der Sache, so kann die Übergabe dadurch ersetzt werden, dass zwischen ihm und dem Erwerber ein Rechtsverhältnis vereinbart wird, vermöge dessen der Erwerber den mittelbaren Besitz erlangt.

Aufgabe 8 B

Die Restschuldversicherung dient der Absicherung der Zahlungsverpflichtung aus einem Verbraucherdarlehen. Im Versicherungsfall zahlt die Versicherung die verbliebene Kreditverpflichtung. Ein Widerrufsrecht vom Abschluss der Versicherung ist innerhalb von 14 Tagen nach Abschluss möglich. Die Frist beginnt, nachdem der Versicherte über das Rücktrittsrecht belehrt wurde und er dies mit seiner Unterschrift bestätigt hat.

Es gibt verschiedene Versicherungsarten:

Die Restschuld-Lebensversicherung zahlt beim Tod des Versicherten.

Die Restschuld-Erwerbsunfähigkeitsversicherung zahlt bei Erwerbsunfähigkeit des Versicherten.

Aufgabe 9

- Nettodarlehensbetrag
- Nominalzins
- zu bestellende Sicherheiten
- evtl. Restkreditversicherung
- Gesamtrückzahlungsbetrag
- Art und Weise der Rückzahlung des Darlehens

(je Nennung 0,5 Punkte, maximal 2 Punkte)

Aufgabe 10

- in Textform innerhalb von zwei Wochen

(je Nennung 1 Punkt, maximal 2 Punkte)

Prüfungssatz II

1. Fall: Gemeinschaftskonto

Aufgabe 1

- Personalausweis oder Reisepass von Frau Schneider
- Heiratsurkunde

Aufgabe 2

- Frau Tomacek muss den Freistellungsauftrag von Corinna Schneider auf „Eheleute" umstellen und die Unterschriften beider Ehegatten einholen.
- Außerdem muss Frau Tomacek mit dem Ehepaar abklären, ob die Höhe des Freistellungsauftrags ggf. geändert werden soll.

(je Aspekt 1 Punkt, maximal 2 Punkte)

Aufgabe 3

- Herr Schneider kann von der Nordbank AG keine Erhöhung des Kontokorrentkredits verlangen.
- Die Vollmachtenregelung erlaubt nur eine Inanspruchnahme des bestehenden Limits.

(1 Aspekt erhält 1 Punkt)

Aufgabe 4

111,00 EUR (50 Stück 0,01 EUR; 50 Stück 0,02 EUR; 50 Stück 0,05 EUR; 40 Stück 0,10 EUR; 40 Stück 0,20 EUR; 40 Stück 0,50 EUR; 25 Stück 1,00 EUR; 25 Stück 2,00 EUR)

Aufgabe 5 A und F

Mietkautionskonto: Es dient der Verbuchung von Mietkautionen, die z. B. vom Vermieter auf einem besonderen Mietkautionskonto (Betreuerkonto) verwahrt werden. Da es sich um die Verwahrung fremder Vermögen handelt, verzichtet die Bank auf ihr AGB-Pfandrecht. Die Zinsen auf diesem Konto unterliegen der Abgeltungssteuer. Der Mieter erhält eine jährliche Zinsabrechnung. Bei Fälligkeit der Mietkaution wegen Mietrückstände, kann die Wohnungsgesellschaft als Vormieter bei der Nordbank AG im Rahmen einer Freigabeerklärung über die Mietkaution verfügen.

Aufgabe 6

- Der Preisaushang enthält die Regelsätze im standardisierten Privatkundengeschäft.
- Das Preis-/Leistungsverzeichnis enthält darüberhinausgehende Konditionen und Regelungen im Kundengeschäft.
  Der Preisaushang nennt Preise für die wesentlichen Leistungen z.B. im Sparbereich
- Das Preis-Leistungs-Verzeichnis regelt die Preise (und Wertstellungen) für Leistungen, die nicht im Preisaushang geregelt werden.
- Das Preis-Leistungsverzeichnis enthält auch Konditionen für Firmen/Geschäftskunden.

(je Aspekt 2 Punkte maximal 4 Punkte)

Aufgabe 7 A und F

A: vgl. § 1901 BGB Umfang der Betreuung, Pflichten des Betreuers: Die Betreuung umfasst alle Tätigkeiten, die erforderlich sind, um die Angelegenheiten des Betreuten rechtlich zu besorgen.

F: vgl. § 1806 und § 1807 BGB Anlegung von Mündelgeld: Der Betreuer muss das Vermögen des Betreuten verzinslich und mündelsicher anlegen, z. B. in mündelsicheren Wertpapieren oder als Spareinlage bei Kreditinstituten, die einer Einlagensicherungseinrichtung angehören.

Der Betreuer hat die Rechtsstellung eines gesetzlichen Vertreters. Die Anordnung einer Betreuung bedeutet nicht, dass der Betreute dadurch geschäftsunfähig oder beschränkt geschäftsfähig wird. Soweit eine Betreuung für Geld- und Vermögensangelegenheiten bestellt wurde, kann sowohl der Betreute als auch der Betreuer über Konten des Betreuers verfügen.

Liegt ein Einwilligungsvorbehalt des Betreuungsgerichts vor, dann gelten die Regelungen über die Rechtswirksamkeit von Willenserklärungen beschränkt Geschäftsfähiger.

Aufgabe 8

- Beleglose Zahlungen sind in der Regel kostenfrei.
- Die Nutzung des Girokontos ist rund um die Uhr möglich.
- Die Aufträge können beleglos erteilt werden.
- Das Kontoführungsentgelt ist niedriger als bei der herkömmlichen Abwicklung von Bankgeschäften.

(je Aspekt 1 Punkt maximal 4 Punkte)

Aufgabe 9

- Frau Schneider muss zunächst die Internetseite der Nordbank AG aufrufen.
- Danach muss sie sich mit Passwort/PIN in das Online-Konto einloggen.
- Dann muss sie die Änderung des Dauerauftrags vornehmen.
- Zum Schluss muss Frau Schneider die Änderung mit einem QR-Code oder einer Photo-TAN bestätigen.

(je Aspekt 1 Punkt, maximal 3 Punkte)

Aufgabe 10 D

vgl. § 36 Bundesbankgesetz

(1) Die Deutsche Bundesbank, Kreditinstitute ... und ihre Mitarbeiter haben nachgemachte oder verfälschte Banknoten oder Münzen (Falschgeld), als Falschgeld verdächtige Banknoten und Münzen sowie unbefugt ausgegebene Gegenstände der in § 35 genannten Art anzuhalten. Dem Betroffenen ist eine Empfangsbescheinigung zu erteilen.

(2) Falschgeld und Gegenstände der in § 35 genannten Art sind mit einem Bericht der Polizei zu übersenden. Kreditinstitute ... haben der Deutschen Bundesbank hiervon Mitteilung zu machen.

(3) Als Falschgeld verdächtige Banknoten und Münzen sind der Deutschen Bundesbank zur Prüfung vorzulegen. Stellt diese die Unechtheit der Banknoten oder Münzen fest, so übersendet sie das Falschgeld mit einem Gutachten der Polizei und benachrichtigt das anhaltende Kreditinstitut.

Aufgabe 11

1	2	3	4	5	6	7
E	**C**	**D**	**G**	**A**	**F**	**B**

Voraussetzungen für den Forderungseinzug mittels Lastschrift sind die Vereinbarungen zwischen dem Zahlungsempfänger und seinem Kreditinstitut (1. Inkassostelle) über den Lastschrifteinzug. Zusätzlich muss der Zahlungsempfänger die Bedingungen für den Lastschriftverkehr anerkennen. Der Zahlungspflichtige muss dem Zahlungsempfänger ein Lastschriftmandat schriftlich erteilen. Das Lastschriftmandat des Zahlungspflichtigen enthält: Name und Anschrift, IBAN und BIC, Gläubiger-ID (Abruf bei der Bundesbank), Mandatsreferenz und Unterschrift des Zahlungspflichtigen und Datum. Mandatsreferenz und Gläubiger-ID dient der Identifizierung des SEPA-Mandats. Die Mandatsreferenz wird vom Lastschrifteinreicher individuell für jedes Mandat vergeben.

Der Zahlungsempfänger ist verpflichtet, den Zahlungspflichtigen spätestens 14 Kalendertage vor dem Lastschrifteinzug über Betrag und Datum des Einzugs zu informieren (Pre-Notification). Bei wiederkehrenden Lastschriften mit gleichen Beträgen genügen eine einmalige Unterrichtung vor dem ersten Lastschrifteinzug und die Angabe der weiteren Fälligkeitstermine.

Aufgabe 12 D

Die IBAN setzt sich folgendermaßen zusammen:
- Zweistelliger Ländercode, z. B. DE
- Zweistellige Prüfziffer
- Die Stelle 5 bis 22 enthält die Kontoidentifikation, bestehend aus der Bankleitzahl und der Kontonummer aufgefüllt mit Nullen.
- Kurze Kontonummern werden nach der Bankleitzahl mit führenden Nullen auf die jeweils notwendige Stellenanzahl aufgefüllt.

Aufgabe 13

- Durch eine Kartensperre kann das Verlustrisiko begrenzt werden.
- Größere Bargeldbestände braucht das Ehepaar nicht mitzunehmen, da Bargeldbeschaffung jederzeit mit Hilfe der Kreditkarte am Geldautomaten möglich ist.
- Die Vorlage einer Kreditkarte ist häufig Voraussetzung für die Anmietung eines Mietwagens oder eine Hotelreservierung.
- Die Kreditkarte enthält häufig Versicherungsleistungen, z. B. eine Auslandskrankenversicherung oder eine Reiserücktrittsversicherung.
- Kreditkarten werden auf der Insel Mauritius in Geschäften und Hotels akzeptiert.
- Mit einer Kreditkarte kann das Ehepaar einen Kreditrahmen nutzen.
- Häufig werden die Umsätze nur einmal im Monat abgerechnet, sodass ein Zinsvorteil entsteht.

(je Aspekt 1 Punkt maximal 4 Punkte)

Aufgabe 14

- Die Kreditkarte muss unverzüglich nach Erhalt unterschrieben werden.
- Einkäufe bis 50,00 EUR können ohne PIN mit der Kreditkarte bezahlt werden.
- Mit der PIN muss das Ehepaar sorgfältig umgehen, z. B. darf die PIN nicht auf der Karte vermerkt werden.
- Bei Verlust oder Diebstahl muss eine Sperre der Karte veranlasst werden.
- Bei missbräuchlicher Verwendung muss die Polizei benachrichtigt werden.

(je Aspekt 1 Punkt maximal 2 Punkte)

2. Fall: Anlage auf einem Bausparvertrag

Aufgabe 1 E

Aufgabe 2

- sichere Anlagemöglichkeit
- Anspruch auf ein zinsgünstiges/zinsgarantiertes Bauspardarlehen

Die nachfolgenden Vorteile beziehen sich auf den Abschluss eines neuen Bausparvertrages. Herr Schulte übernimmt im Fall den bereits angesparten Bausparvertrag seiner Eltern.

- individuelle Besparung des Bausparvertrages möglich
- freie Tarifwahl mit der Möglichkeit einer individuellen Anpassung an die Kundenbedürfnisse
- Nutzung der staatlichen Förderung, 470,00 EUR jährlich mit 9 % Arbeitnehmer-Sparzulage sowie 700,00 EUR jährlich mit 10 % Wohnungsbau-Prämie

(1,5 Punkte je Aspekt, max. 3 Punkte)

Aufgabe 3

Die Bauspar AG stellt Herrn Schulte mit der Zuteilung die Bausparsumme, also das Bausparguthaben und das Bauspardarlehen zur Verfügung.

Aufgabe 4

- Herr Schulte muss bei der Bauspar AG einen Antrag auf Zuteilung der Bausparsumme stellen.
- Das Bauspardarlehen darf nur für wohnwirtschaftliche Zwecke verwendet werden.
- Das Bauspardarlehen wird durch eine zweitrangige Grundschuld zugunsten der Bauspar AG abgesichert.
- Es muss eine personelle und materielle Kreditwürdigkeitsprüfung des Kunden durchgeführt werden.

(1 Punkt je Voraussetzung, max. 4 Punkte)

Aufgabe 5

Guthaben am 30.09.2025	23.995,00 EUR
+ 0,10 % Zinsen für 3 Monate	6,00 EUR
= Guthaben am 31.12.2025	24.001,00 EUR

Nein, da durch die Zuschreibung der Zinsen zum Jahresende die Mindestsparsumme bereits erreicht wird.

(1 Punkt für jeden Berechnungsschritt, 2 Punkte für die Erklärung, max. 4 Punkte)

Aufgabe 6

6 ‰ von 60.000,00 EUR = **360,00 EUR**

Aufgabe 7 A und D

Das Bauspardarlehen kann nur für wohnwirtschaftliche Zwecke gewährt werden, z. B. Erwerb von Bauland, Errichtung, Beschaffung und Erhaltung von Wohneigentum.

Aufgabe 8 C

Die Termineinlagen werden bei den Banken als Festgelder und Kündigungsgelder angeboten. Termineinlagen sind Einlagen, die dem Kreditinstitut als befristete Einlagen für bestimmte

Zeiträume, z. B. 1 Monat, 3 Monate, 6 Monate, zur Verfügung stehen. Die Einleger verzichten für diese Zeit auf ihr Verfügungsrecht. Termineinlagen werden i. d. R. in größeren Beträgen angelegt. Beim Vertragsschluss werden Höhe, Laufzeit und Zinssatz der Termineinlage vereinbart. Die Höhe des Zinssatzes hängt von der Höhe der Einlage, der vereinbarten Laufzeit und dem derzeitigen Geldmarktzinssatz ab.

Aufgabe 9 D

Aufgabe 10

Saldovortrag am 31.12.2025	5.500,00 EUR	
18.04.2026 Einzahlung	2.400,00 EUR	
Neuer Saldo	7.900,00 EUR	
31.12.2026	7.900,00 EUR	
Zinsen für 5.500,00 EUR für 2025	16,50 EUR	(2 Punkte)
Zinsen für 2.400,00 EUR für 253 Tage	5,06 EUR	(2 Punkte)
Guthaben 31.12.2026	**7.921,56 EUR**	(1 Punkt)

3. Fall: Allgemeinverbraucherdarlehen für eine Wohnungseinrichtung

Aufgabe 1

- Gehaltsnachweise der letzten drei Monate, Einkommenshöhe, um festzustellen wie hoch die regelmäßigen Einnahmen sind
- Arbeitsvertrag, feste oder befristete Arbeitsstelle,
- Einkommensteuererklärung, zu versteuerndes Jahreseinkommen
- Selbstauskunft über Ausgaben und Einnahmen, evtl. Überschussrechnung
- Schufa-Auskunft, Zahlungsverhalten, Zahlungsmoral, Zuverlässigkeit
- Vermögensnachweise wie Sparguthaben, Depotauszüge dient zur Vermögensberechnung

(1 Punkt je Aspekt, max. 6 Punkte)

Aufgabe 2 **B** und **F**

Bei der Restschuldversicherung handelt es sich um eine Risikoversicherung mit fallender Versicherungssumme zur Sicherung der Restschuld von Darlehen bei Tod, Erwerbsunfähigkeit oder Arbeitsunfähigkeit und Arbeitslosigkeit der Kreditnehmer. Im Versicherungsfall zahlt die Versicherung bei Erwerbsunfähigkeit oder Arbeitslosigkeit die Raten für eine vereinbarte Zeitdauer bzw. im Todesfall umgehend die Restschuld. Bei Ratenkrediten wird die Prämie einmalig im Voraus bei Abschluss des Kreditvertrags gezahlt.

Aufgabe 3

Die Bank vermittelt den Versicherungsabschluss zwischen dem Kooperationspartner aus der Versicherungswirtschaft und Herrn Schramm, sodass mit Abschluss des Kreditvertrags auch der Versicherungsvertrag abgeschlossen werden kann.

Aufgabe 4

36 Monate Laufzeit, 485,00 EUR Ratenhöhe

Aufgabe 5

Monatliches Nettoeinkommen	1.943,65 EUR	(max. 5 Punkte)
Miete	480,00 EUR	
Nebenkosten (2,50 EUR x 50 qm)	125,00 EUR	1 Punkt
Haushaltspauschale	520,00 EUR	1 Punkt
Kraftfahrzeugkosten	200,00 EUR	1 Punkt
Gesamtkosten	1.325,00 EUR	1 Punkt
frei verfügbares Einkommen	**618,65 EUR**	1 Punkt

Aufgabe 6

Entscheidung: ja

Begründung: Herr Schramm kann die monatlichen Raten in Höhe von 485,00 EUR aus seinem frei verfügbaren Einkommen tragen.

Aufgabe 7

Die Wohnungseinrichtung kommt als Sicherheit nicht in Frage, da sie vermutlich unpfändbar ist. Außerdem ist bei gebrauchten Möbeln eine wirtschaftliche Veräußerung sehr schwierig.

Sicherheit	Risiko	Maßnahme
Bürgschaft	Bürge hat nicht genügend freies Vermögen am Tag der Inanspruchnahme	Kreditwürdigkeitsprüfung des Bürgen
Gehaltsabtretung	Abtretungsverbot des Arbeitgebers	Einsichtnahme in den Arbeitsvertrag
Verpfändung von Wertpapieren	Gefahr von Kursverlusten	Beleihungssatz vorsichtig wählen

(jeweils 1 Punkt für 2 genannte Sicherheiten, für Risiko und Maßnahme, max. 4 Punkte)

Aufgabe 8 **A** und **E**

(vgl. § 495 BGB (Widerrufsrecht) in Verbindung mit § 355 BGB = zwei Wochen Widerrufsfrist) Der Verbraucher ist an seine auf den Abschluss des Vertrages gerichtete Willenserklärung nicht mehr gebunden, wenn er sie fristgerecht widerrufen hat. Der Widerruf muss keine Begründung enthalten und ist in Textform und durch Rückzahlung des Darlehens innerhalb von 30 Tagen nach Absendung des Widerrufs gegenüber der Bank zu erklären. Zur Fristwahrung genügt die rechtzeitige Absendung. Die Frist beginnt mit dem Zeitpunkt, zu dem der Verbraucher über sein Widerrufsrecht in Textform belehrt wurde. Beim Verbraucherdarlehensvertrag beginnt die Frist nicht zu laufen, bevor dem Verbraucher eine Vertragsurkunde, der schriftliche Antrag des Verbrauchers oder eine Abschrift der Vertragsurkunde zur Verfügung gestellt werden.

Aufgabe 9 **A** und **F**

Das gerichtliche Mahnverfahren ist ein formularmäßig durchgeführter, abgekürzter Zivilprozess, der dem Gläubiger (Antragsteller) schnell und kostengünstig einen Vollstreckungstitel verschafft. Der Vollstreckungstitel berechtigt den Gläubiger zur Zwangsvollstreckung in das Vermögen des Schuldners (Antragsgegner). Grundsätzlich ist das Amtsgericht des Gläubigers für das Mahnverfahren zuständig. Anträge auf Erlass eines Mahnbescheids können auch im Wege des Datenträgeraustauschs eingereicht werden. Bei einem streitigen Verfahren (Widerspruch, Einspruch) ist das Gericht, bei dem der Antragsgegner seinen allgemeinen Gerichtsstand hat, örtlich zuständig. Dies ist i. d. R. das Gericht, in dessen Bezirk der Antragsgegner (Schuldner) wohnt oder seinen Geschäftssitz hat.

Rechnet der Gläubiger beim Mahnverfahren mit Einwendungen des Schuldners (Widerspruch) wird er zur Durchsetzung seiner Forderungen direkt das Klageverfahren einleiten.

Prüfungssatz III

1. Fall: SEPA-Firmen-Lastschrift

Aufgabe 1

- Erklärung der Plambeck GmbH, dass Frau Hochstädter regelmäßig auf das Geschäftskonto einzahlen soll.

Voraussetzung: Einmalige Identifizierung von Frau Hochstädter durch die Bank gemäß GwG, bei künftigen Einzahlungen genügt die Namensaufzeichnung auf dem Einzahlungsbeleg.

(2 Aspekte je 1,5 Punkt, maximal 3 Punkte)

Aufgabe 2 A und D

Herr Roland bestimmt selbst den Zeitpunkt des Forderungseinzugs durch Einsetzen eines Fälligkeitsdatums in den SEPA-Lastschriftdatensatz. Dadurch ist eine bessere Kontodisposition möglich und ggf. Zinsvorteil durch pünktliche Buchung zum Fälligkeitstag.

- pünktlicher Zahlungseingang
- Rückführung von Außenständen
- Abwicklung kann beleglos erfolgen.
- geringerer Verwaltungsaufwand bei Überwachung und Mahnung
- höhere Liquidität, da sofortige Gutschrift

Aufgabe 3 C und E

	SEPA-Basis-Lastschriftverfahren	SEPA-Firmen-Lastschriftverfahren
Teilnehmer	Privatkunden	Firmenkunden
Teilnahmevoraussetzungen	- Beitrittserklärung vom Zahlungsempfänger und Kreditinstitut - Zahlungspflichtiger erteilt dem Zahlungsempfänger das SEPA-Lastschriftmandat.	- Beitrittserklärung vom Zahlungsempfänger und Kreditinstitut - Zahlungspflichtiger erteilt dem Zahlungsempfänger das SEPA-Lastschriftmandat. - Zahlungspflichtiger muss der Zahlstelle das SEPA-Lastschriftmandat bestätigen.
Erteilung des SEPA-Lastschriftmandats	Zahlungsautorisierung mittels Lastschriftmandat Weisung des Zahlungspflichtigen: - Einzugsermächtigung des Zahlungspflichtigen an den Zahlungsempfänger - Zahlungsauftrag an die Zahlstelle, vom Zahlungsempfänger eingereichte SEPA-Lastschriften einzulösen.	Zahlungsautorisierung mittels Lastschriftmandat Bestätigung der Erteilung eines SEPA-Lastschriftmandats gegenüber der Zahlstelle Weisung des Zahlungspflichtigen: - Einzugsermächtigung des Zahlungspflichtigen an den Zahlungsempfänger - Zahlungsauftrag an die Zahlstelle, vom Zahlungsempfänger eingereichte SEPA-Lastschriften einzulösen.

	SEPA-Basis-Lastschriftverfahren	SEPA-Firmen-Lastschriftverfahren
	Verfall des Mandats: Nach 36 Monaten, wenn innerhalb dieses Zeitraums keine Folgelastschriften eingereicht wurden. Ansonsten: Das Mandat gilt unbefristet bis zum Widerruf. Informationspflicht: Der Zahlungsempfänger muss den Zahlungspflichtigen über jeden bevorstehenden Lastschrifteinzug informieren (Pre-Notification). In der Lastschrift muss der Zahlungsempfänger ein Fälligkeitsdatum angeben, an dem das Konto des Zahlungspflichtigen belastet werden soll. Lastschriftmandat bleibt beim Zahlungsempfänger; Verwahrung 14 Monate nach dem letzten Lastschrifteinzug	Verfall des Mandats: Nach 36 Monaten, wenn innerhalb dieses Zeitraums keine Folgelastschriften eingereicht wurden. Lastschriftmandat bleibt beim Zahlungsempfänger; Verwahrung 14 Monate nach dem letzten Lastschrifteinzug
Erledigung des SEPA-Lastschriftmandats	Zahlungsempfänger teilt der Zahlstelle die Erledigung des Lastschriftmandats mit Einzug der letzten Lastschrift mit.	
Widerruf des SEPA-Lastschriftmandats	- jederzeit vom Kunden durch Erklärung gegenüber seinem Kreditinstitut - Widerruf gegenüber dem Zahlungsempfänger	- jederzeit vom Kunden durch Erklärung gegenüber seinem Kreditinstitut - Widerruf gegenüber dem Zahlungsempfänger
Voraussetzungen für die Einlösung der SEPA-Lastschrift	- Kein Widerruf liegt vor. - ausreichendes Guthaben - keine Teileinlösungen - Die IBAN des Zahlungspflichtigen ist zuzuordnen. - Benachrichtigung des Zahlungspflichtigen bei Nichteinlösung einer SEPA-Lastschrift	
Vorlagefristen bei Einreichung von SEPA-Lastschriften	bei Erst- und Einmallastschriften: 5 Tage vor Fälligkeit Folgelastschriften: spätestens 2 Tage vor Fälligkeit	einheitlich 1 Tag vor Fälligkeit

	SEPA-Basis-Lastschriftverfahren	SEPA-Firmen-Lastschriftverfahren
Zurückweisung	Der Kunde kann dem Kreditinstitut gesondert die Weisung erteilen, bestimmte Lastschriften nicht einzulösen.	
Widerspruch gegen Belastungsbuchungen mit gültigem Lastschriftmandat	- Rückerstattungsanspruch acht Wochen ab Belastungsbuchung ohne Grundangabe - Erlöschen des Erstattungsanspruchs nach Genehmigung der Lastschriftbuchung	kein Erstattungsanspruch nach erfolgter Einlösung
Widerspruch gegen Belastungsbuchungen mit ungültigem Lastschriftmandat	- unverzügliche Erstattung des Lastschriftbetrages - Ausschluss der Ansprüche des Kunden nach Ablauf von 13 Monaten ab Belastungsbuchung	
Lastschriftrückgabe durch Zahlstelle	bis 5 Tage nach Belastungsbuchung	bis 2 Tage nach Belastungsbuchung

Aufgabe 4

Bankprodukt: SEPA-Firmen-Lastschriftverfahren (1 Punkt)

Begründung: Nur gewerbliche Kunden kaufen i.d.R. auf Rechnung. Der zahlungspflichtige Firmenkunde bestätigt das Lastschriftmandat bei seiner Zahlstelle. Nur so kann die Lastschrifteingelöst werden. Wird die Lastschrift eingelöst, kann sie vom Zahlungspflichtigen nicht mehr widerrufen werden. Wird die Lastschrift mangels Bestätigung bei der Zahlstelle oder auch mangels Kontodeckung nicht eingelöst, muss die Zahlstelle die Lastschrift innerhalb von zwei Tagen an die 1. Inkassostelle zurückgeben. Bei der SEPA-Basis-Lastschrift beträgt die Rückgabefrist seitens der Zahlstelle fünf Tage.

(je Aspekt 1 Punkt, maximal 2 Punkte)

Aufgabe 5 D, vgl. Übersicht!

Bei der SEPA-Firmen-Lastschrift hat der Kunde mit gültigem Lastschriftmandat und Bestätigung des Mandats an seine Zahlstelle keinen Erstattungsanspruch nach Einlösung am Fälligkeitstag.

Dagegen hat ein Zahlungspflichtiger beim SEPA-Basis-Lastschriftverfahren ein Recht auf Widerspruch ohne Begründung gegen Belastungsbuchung mit gültigem Lastschriftmandat:

Bei der SEPA-Basis-Lastschrift kann der Kunde binnen einer Frist von acht Wochen ab Belastungsbuchung (Fälligkeit) ohne Angabe von Gründen Erstattung des Lastschriftbetrags verlangen.

Aufgabe 6

Voraussetzungen:

- Abschluss einer Inkassovereinbarung zwischen 1. Inkassostelle (Nordbank AG) und Zahlungsempfänger (Plambeck GmbH)
- Erteilung des SEPA-Lastschriftmandats durch den gewerblichen Kunden an die Plambeck GmbH vor dem Zahlungsvorgang
- Gewerblicher Kunde (Zahlungspflichtiger) muss seinem Kreditinstitut als Zahlstelle die Erteilung des SEPA-Lastschriftmandats bestätigen.
- Ohne Mandatsbestätigung werden keine Lastschriften eingelöst.
- Die Deutsche Bundesbank muss der Plambeck GmbH eine Gläubiger-Identifikationsnummer (Gläubiger-ID) zugewiesen haben.

(je Aspekt 2 Punkte, maximal 4 Punkte)

Aufgabe 7

- Die Plambeck GmbH ist verpflichtet, ein Fälligkeitsdatum anzugeben.
- Die Plambeck GmbH ist verpflichtet, den Kunden spätestens 14 Tage vor Fälligkeit den Einzug mit Betrag und Datum anzukündigen (Erstinformation).
- Die Plambeck GmbH ist verpflichtet, eine Rücklastschrift wegen ungerechtfertigter Belastung innerhalb von 13 Monaten nach Belastungsbuchung zuzulassen.
- Die Lastschrift muss der Zahlstelle spätestens einen Tag vor Fälligkeit der Lastschrift vorliegen.
- Die Kunden der Plambeck GmbH haben keinen Erstattungsanspruch nach Einlösung am Fälligkeitstag.

(je Aspekt 1,5 Punkte, maximal 3 Punkte)

Aufgabe 8

Die Zahlstelle muss prüfen, ob der gewerbliche Kunde (Zahlungspflichtiger) das SEPA-Lastschriftmandat für die Plambeck GmbH bestätigt hat.

Die Zahlstelle prüft, ob die SEPA-Firmen-Lastschrift anbringlich ist, ansonsten ist sie unanbringlich und wird nicht eingelöst. Z. B. wegen einer falschen IBAN-Nummer des Kunden, oder konnte wegen mangelnder Kontodeckung nicht eingelöst werden.

(je Aspekt 2 Punkte, maximal 4 Punkte)

Aufgabe 9

- Das Lastschriftlimit soll eine mögliche Überziehung begrenzen, da die 1. Inkassostelle für rechtzeitig vorgenommene Lastschriften haftet.
- Kommt es nach Gutschrift der eingereichten Lastschriften und anschließender Verfügung durch die Plambeck GmbH zu Rücklastschriften, kann dies zu einer Überziehung des Firmenkontos führen.

(je 1 Aspekt 1,5 Pkt., maximal 3 Punkte)

Aufgabe 10

1	2	3	4	5	6
B	**A**	**C**	**B**	**C**	**A**

Aufgabe 11

1	2	3	4	5	6	7
E	**C**	**D**	**G**	**A**	**B**	**F**

Aufgabe 12

Die Plambeck GmbH hat die gleiche Sicherheit wie bei Barzahlung.

Der Kunde führt die Bank- oder Kreditkarte in das Kartenlesegerät ein. Es wird ein Beleg erstellt und der Kunde unterschreibt ein Lastschriftmandat für eine einmalige nicht wiederkehrende Lastschrift bzw. bestätigt die Zahlungsauslösung durch eine PIN-Eingabe. Bis 50,00 EUR kann auch mit der BankCard, Debitkarte oder Kreditkarte eine unwiderrufliche Zahlung ausgelöst werden.

(je Aspekt 1 Punkt, maximal 2 Punkte)

Aufgabe 13

Online-Banking: schnelle und kostengünstige Abwicklung von Bankgeschäften; (1 Punkt)

Merkmale:

- Teilnahme an einem Online-Dienst
- Freischaltung der Konten beim Kreditinstitut
- Leistungsumfang: Kontoinfos, Umsatzabfragen, Auftragserteilungen usw.
- Sicherung entweder durch
    1. Verwendung von z. B. Photo-TAN oder TAN-Übermittlung über SMS für Aufträge
    2. oder durch HBCI-Standard, d. h. Identifizierung des Kunden durch elektronische Signatur auf Chipkarte.

(Produktnennung 0,5 Punkte, je Merkmal 0,5 Punkte, maximal 2 Punkte)

2. Fall: Geld- und Vermögensanlage

Aufgabe 1 E und **F**

Aufgabe 2

373,63 EUR

Rechenweg: 1 % von 40.000,00 EUR = 400,00 EUR

400,00 EUR – Freibetrag von 300,00 EUR = 100,00 EUR

25 % Abgeltungssteuer auf 100,00 EUR = 25,00 EUR

5,5 % SolZ auf 25,00 EUR = 1,37 EUR

Kapitalertrag = 100,00 EUR – 25,00 EUR – 1,37 EUR + 300,00 EUR = 373,63 EUR

Aufgabe 3

33,14 EUR

Rechenweg: 0,4 % von 45.000,00 EUR für 90 Tage = 45,00 EUR

25 % Abgeltungssteuer auf 45,00 EUR = 11,25 EUR

5,5 % SolZ auf 11,25 EUR = 0,61 EUR

Kapitalertrag = 45,00 EUR – 11,25 EUR – 0,61 EUR = 33,14 EUR

Aufgabe 4

Festgeld oder Sparbrief

Abgezinster Sparbrief:

- Festlegungs zeitraum: 1 bis 6 Jahre
- Liquidität: Während der Laufzeit ist die Rückzahlung ausgeschlossen; Beleihungsmöglichkeit
- Zinsgutschrift und Anfall der Abgeltungssteuer am Ende der Laufzeit

Festgeld:

- Festlegungszeitraum: 30, 60, 90 Tage
- Liquidität: Keine vorzeitige Verfügung möglich; Beleihungsmöglichkeit
- Zeitpunkt der Zinsgutschrift und des Anfalls der Abgeltungssteuer: nach Ablauf der Festlegungsfrist

Aufgabe 5

Sparbrief:

- Kapitalmarktzins, d.h. der Zinssatz ist abhänig vom Kapitalmarkt
- Anlagezeitraum: 1 bis 6 Jahre
- Bonität des herausgebenden Kreditinstituts

Termingeld:

- Geldmarktzinssatz, d.h. der Zinssatz ist abhängig vom Geldmarkt
- Anlagebetrag, z. B. 1.000,00 EUR und ein Vielfaches
- Anlagezeitraum, z. B. 30, 60, 90, 180 Tage
- Bonität des Kreditinstituts

Aufgabe 6 C

Aufgabe 7

- Inanspruchnahme der Wohnungsbau-Prämie im Rahmen der staatlichen Sparförderung – 10 % Bausparprämie jährlich 70,00/140,00 für Ledige/Verheiratete für jährliche Bausparförderung von max. 700,00/1.400,00 EUR für Ledige/Verheiratete Personen
- Der Zinssatz für ein Bauspardarlehen ist von vornherein bei Abschluss des Bausparvertrags festgelegt und ist unabhängig von der Kapitalmarktsituation.
- ggf. nützlich für die Finanzierung einer Immobilie mittels eines zinsgünstigen Bauspardarlehens

Aufgabe 8

- relativ geringer Guthabenzins bei Bausparverträgen im Vergleich zu langfristigen festverzinslichen Wertpapieren
- relativ hohe Gebühren (i.d.R. Abschlussgebühr 1 % der Bausparsumme, Kontoführungsgebühren, Gebühren bei Darlehensauszahlung)
- lange Frist bis zur Zuteilungsreife
- relativ hohe Annuitäten bei der Darlehenstilgung wegen kurzer Tilgungsdauer bei Bausparkassen, z. B. 6 bis 8 Promille von der Bausparsumme pro Jahr
- relativ hohe Mindestansparsumme bis zur Zuteilung, z. B. 40 bis 50 % der Bausparsumme

3. Fall Verbraucherdarlehen

Aufgabe 1

Unterlagen:

- Gehaltsabrechnungen: Überprüfung der monatlichen Nettoeinkünfte und Informationen über Name und Anschrift des Arbeitgebers
- Arbeitsvertrag: Dauer der Probezeit; befristetes oder unbefristetes Arbeitsverhältnis, verbeamtet oder Angestelltenverhältnis;
- Einkommensteuerbescheide: Information über unterschiedliche Einkunftsarten und deren Höhe;
- Selbstauskunft: Haushaltsrechnung mit einer Gegenüberstellung der monatlichen Einnahmen und Ausgaben

(je Unterlage 1 Punkt, je Information 1 Punkt max. 4 Punkte)

Aufgabe 2

Preis des Neuwagens	15.149,00 EUR
- Preis des Altwagens	3.650,00 EUR
= Kreditbetrag	11.499,00 EUR
auf volle 1.000 EUR aufgerundet	**12.000,00 EUR**

Aufgabe 3

47 Raten zu 280,00 EUR, Schlussrate 163,00 EUR

(Ratenhöhe 1 Punkt, Schlussrate 1 Punkt, max. 2 Punkte)

Aufgabe 4

Miete	357,50 EUR
Nebenkosten 65 qm x 2 EUR	130,00 EUR
Haushaltspauschale	400,00 EUR
Kfz-Kosten	200,00 EUR
Gesamtkosten	1.087,50 EUR
monatliches Nettoeinkommen	1.943,00 EUR
frei verfügbares Einkommen	**855,50 EUR**

Aufgabe 5

Aus dem frei verfügbaren Einkommen können die monatlichen Raten von 280,00 EUR gezahlt werden.

Aufgabe 6

- Die Widerrufsfrist beträgt in der Regel 14 Tage.

Die Widerrufsbelehrung muss vor Abschluss des Kreditvertrags erfolgen.

- Der Widerruf muss mindestens in Textform und besonders hervorgehoben und verfasst werden.
- Die Absendung des Widerrufs reicht zur Fristwahrung aus.
- Ein Widerruf muss nicht begründet werden.

- Sollte der Darlehensbetrag bereits ausgezahlt worden sein, muss Herr Brinkmann den Darlehensbetrag an die Nordbank AG innerhalb von 30 Tagen zurückzahlen. Für den Zeitraum zwischen Auszahlung und Rückzahlung des Darlehensbetrages kann die Nordbank AG einen Sollzinssatz verlangen.

(je Aspekt 1 Punkt, max. 3 Punkte)

Aufgabe 7

Die Versicherung übernimmt bei Eintritt des Versicherungsfalls die Zahlung der ausstehenden Raten an die Nordbank AG (2 Punkte)

Risikoabsicherung:

- Tod des Darlehensnehmers
- Arbeitsunfähigkeit nach der Lohnfortzahlungsdauer von sechs Wochen
- Arbeitslosigkeit: Herr Brinkmann ist Beamter, daher dieses Risiko eher unwahrscheinlich
- Berufs- oder Erwerbsunfähigkeit

(je Risiko 1 Punkt max. 3 Punkte)

Aufgabe 8

1	2	3	4
D	**B**	**C**	**A**

Prüfungssatz IV

1. Fall: Betreuerkonto

Aufgabe 1 A und E

Die Aufnahme eines Darlehens bzw. eine Kontoüberziehung ist nur mit der Zustimmung des Betreuungsgerichts möglich.

Nach § 1813 BGB kann Frau Lange über Guthaben auf dem Betreuungskonto ohne Betragsgrenze verfügen.

Bei einer befreiten Betreuung kann der Betreuer das Guthaben auf dem Konto für die notwendigen Ausgaben für den Betreuten nutzen. Eine Betragsbegrenzung ist i.d.R. nicht erforderlich.

Aufgabe 2

- Barverfügungen
- Ausführung von Überweisungen
- Einrichtung von Daueraufträgen
- Einreichung von Schecks
- Erteilung von SEPA-Lastschriftmandaten und damit Abbuchung von Lastschriften
- Verfügungen Mittels kontaktlosem Bezahlen mit der Girocard in Supermärkten

(je Nutzungsmöglichkeit 1 Punkt, maximal 2 Punkte)

Aufgabe 3

Das Girokonto darf nicht auf einen falschen oder erdichteten Namen eröffnet werden, um Steuerhinterziehung zu vermeiden

- Herr Schröder muss auch nach dem Geldwäschegesetz den wirtschaftlich Berechtigten des Girokontos prüfen und feststellen. (Abgabenordnung § 154)
- Mit dem PA prüft Herr Schröder die Identität von Frau Lange.
- Der Betreuerausweis weist Frau Lange als Betreuerin für Herrn Schön aus.

(je Aspekt 2 Punkte, maximal 4 Punkte)

Aufgabe 4

Die vollständige Adresse von Herrn Schön und damit die Info, ob Herr Schön Steuerinländer oder Steuerausländer ist. Nach sechs Monaten dauerhaftem Aufenthalt in Deutschland ist man Steuerinländer.

(Eine Info 1 Punkt, Begründung 1 Punkt, maximal 2 Punkte)

Aufgabe 5 A und F

Aufgabe 6 B und F

Aufgabe 7 C

Eine Kontoüberziehung ist nicht zulässig.

Aufgabe 8

- Verfügungen über das Vermögen von Herrn Schön im Ganzen;
- Übernahme einer Bürgschaft für Herrn Schön;
- Grundstücksgeschäfte;

- Kreditaufnahme für Herrn Schön.

(jedes genehmigungspflichtige Rechtsgeschäft 1 Punkt, maximal 2 Punkte)

Aufgabe 9

- Termineinlagen
- Spareinlagen
- Auf den Namen lautende Sparbriefe
- Auf den Namen lautende Schuldverschreibungen der Nordbank AG
- Tagesgeldkonten,
- Geldmarktkonten,
- Sparverträge für VL

(je Anlagemöglichkeit 1 Punkt, maximal 3 Punkte)

Aufgabe 10
100.000,00 EUR

Aufgabe 11

Seit 2025: Einlagensicherung 8,75 % des haftenden Eigenkapitals der Nordbank AG, mindestens 438.000,00 EUR je Privatkunde und maximal 3 Mio. EUR je Privatkunde

Aufgabe 12

Frist: sechs Wochen nach Zugang des Rechnungsabschlusses

Aufgabe 13

Der Rechnungsabschluss gilt als genehmigt. Bei einer späteren Reklamation muss die Kundin beweisen, dass eine Buchung vor Rechnungsabschluss unrechtmäßig war. Der Abschlusssaldo ersetzt die ursprünglichen Einzelansprüche.

(je Aspekt 1 Punkt, maximal 2 Punkte)

Aufgabe 14

WERO: Geld online senden und empfangen Mit der Wero und der Banking App

Mit der neuen Bezahlfunktion in der Banking App sendet Frau Lange in unter 10 Sekunden und ganz ohne IBAN (Kontonummer) mit dem Smartphone Geld an Familie und andere Zahlungsempfänger. Egal ob beim gemeinsamen Mittagessen im Restaurant oder dem Kaffee, wenn man unterwegs ist: mit Wero P2P-Payment kann Frau Lange in Echtzeit Geld von Girokonto zu Girokonto (P2P) senden oder einfordern und Zahlungsbeträge aufteilen.

Frau Lange muss dieses Verfahren in ihrer Banking-App anmelden und braucht dann nur noch die Handynummer und die E-Mail-Adresse des Zahlungsempfängers.

-Verwendung der Kreditkarte

Bei Kreditkartenzahlungen muss Frau Lange die Kartennummer, das Gültigkeitsdatum und die drei- oder vierstellige Kartenprüfziffer angeben. Zur Erhöhung der Sicherheit bieten Kreditkartengesellschaften zusätzlich noch besondere Authentifizierungsverfahren an.

- Paypal ist ein internationales digitales Online-Bezahlverfahren, das eine für Käufer und Verkäufer sichere Zahlung im Internet ermöglicht. Zahler und Zahlungsempfänger müssen für die Nutzung von Paypal ein Konto bei diesem Zahlungsunternehmen unterhalten. Sollte Frau Lange die bestellte Ware nicht erhalten, erhält sie von Paypal eine Erstattung des Kaufpreises, wenn der Verkäufer den Versand der Ware nicht nachweisen kann. Beim paypal-

Verfahren muss sich der Kunde bei paypal registrieren und kann dann mit seiner E-Mail-Adresse und seiner PIN über paypal den Zahlungsvorgang auslösen.

(je schnelle und sichere Zahlungsform 1 Punkt, maximal 2 Punkte)

Aufgabe 15

Vorteile mit Wero

- Das Verfahren muss nur einmal in ihrer Banking App angemeldet werden
- Die Nutzung dieses Verfahrens ist immer kostenlos
- Frau Lange kann jederzeit Geld senden und empfangen
- Frau Lange braucht nur die Handynummer oder E-Mail-Adresse Ihres Kontakts
- Die Zahlungen landen direkt auf dem Konto , ohne Umwege über andere Apps oder Plattformen

Je Vorteil 1 Punkt, maximal 2 Punkte

2. Fall: Spareinlagen und Sparbriefe

Aufgabe 1

Ziele von Geldanlagen:

- Liquidität
- Rentabilität
- Sicherheit

Zielkonflikte bei Geldanlagen:

- Hohe Renditen lassen sich nicht bei hoher Sicherheit erzielen.
- Hohe Liquidität bedeutet gleichzeitig auch eine niedrigere Rendite.
- Hohe Sicherheit bedeutet auch eine niedrige Rentabilität.

(3 Ziele genannt 1 Punkt, 3 Konflikte erklärt je Erklärung 1 Punkt max. 3 Punkte, 4 Punkte insgesamt)

Aufgabe 2

- Die Spareinlage ist in der Rechnungslegungsverordnung gesetzlich geregelt.
- Die gesetzliche Spareinlage hat eine Kündigungsfrist von drei Monaten.
- Innerhalb von 30 Zinstagen können 2.000,00 EUR ohne Vorschusszinsberechnung vom Sparkonto abgehoben werden.
- Mit der ersten Einzahlung auf dem Sparkonto erhält Frau Zipprich eine Sparurkunde (Sparbuch oder Sparcard).
- Die Zinsen auf Spareinlagen werden Frau Zipprich am Ende des Jahres gutgeschrieben.
- Über die jährlichen Sparzinsen kann Frau Zipprich bis zum Ende Februar des folgenden Jahres vorschusszinsfrei verfügen.

  (je Aspekt 1 Punkt, maximal 3 Punkte)

Aufgabe 3 C und D

Aufgabe 4

Entscheidung: Eine Sparurkunde darf ausgegeben werden.

Begründung: Das Sparkonto weist durch die heutige Einzahlung von 250,00 EUR bereits einen Saldo auf. Die Ausstellung einer Sparurkunde beweist das Bestehen einer Spareinlage.

(Entscheidung 1 Punkt und Begründung 1 Punkt maximal 2 Punkte)

Aufgabe 5 C

Aufgabe 6

Entscheidung: Dem Wunsch darf nicht entsprochen werden.

Begründung: Spareinlagen dürfen nicht von vornherein befristet angenommen werden.

(Entscheidung 1 Punkt, Begründung 1 Punkt, maximal 2 Punkte)

Aufgabe 7

0,13 EUR

Rechenweg:

Vorgerechnete Habenzinsen = (100 x 300 x 0,15): 100 : 360= 0,125 EUR

(Lösung mit Rechenweg 2 Punkte)

Aufgabe 8 E

Der abgezinste Sparbrief wird dadurch gekennzeichnet, dass er zum Nennwert abzüglich Zinsen und Zinseszinsen für die gesamte Laufzeit ausgegeben wird. Es gibt keine laufenden Zinszahlungen. Die Rückzahlung erfolgt bei Fälligkeit zum Nennwert. Die Erträge müssen dann versteuert werden.

Aufgabe 9

- Produktmerkmale, z.B.
- mit festem Nominalzins ausgestattet,
- keine Kursrisiken,
- keine Rückgabe vor Fälligkeit,
- feste Laufzeit,
- Rückzahlung bei Fälligkeit zum Nennwert oder Nennwert + Zinsen,
- keine Kosten,
- drei verschiedene Arten von Sparbriefen: mit laufender Verzinsung, abgezinst und aufgezinst.

(je Aspekt 1 Punkt, maximal 4 Punkte)

Aufgabe 10

Normalverzinslicher Sparbrief:
- Ausgabe zum Nennwert
- Jährliche Zinsauszahlung
- Rückzahlung bei Fälligkeit zum Nennwert

(Nennung und Erklärung 2 Punkte)

Vorteile:
- Liquiditätsvorteil
- gleichmäßige jährliche Ausnutzung des Freistellungsauftrages

(Nennung und Erklärung je Vorteil 1 Punkt, maximal 2 Punkte)

Abgezinster bzw. aufgezinster Sparbrief: (1 Punkt)
- Ausgabe zum Nennwert abzüglich Zinsen und Zinseszinsen für gesamte Laufzeit bzw. Ausgabe zum Nennwert (1 Punkt)
- keine laufende Zinszahlung , sondern Zinsansammlung
- Rückzahlung bei Fälligkeit zum Nennwert bzw. zum Nennwert zuzüglich Zinsen und Zinseszinsen für gesamte Laufzeit

(Erklärung 1 Punkt)

Vorteile:
- keine jährliche Anrechnung der Zinsen, falls Freistellungsauftrag ausgeschöpft
- Zinseszinseffekt
- sicherere Wiederanlage der Erträge

(je Vorteil 1 Punkt, maximal 2 Punkte; Gesamtpunktzahl = 8 Punkte)

Aufgabe 11 D

Die Rückgabe bzw. Kündigung von Sparbriefen ist i. d. R. ausgeschlossen. Die Liquidierbarkeit der Sparbriefe ist durch feste Laufzeit und durch vereinbarte Unkündbarkeit eingeschränkt. Der Verkauf oder die Abtretung an Dritte oder die Beleihung des Sparbriefes beim Kreditinstitut ist möglich.

Aufgabe 12

- Eine sofortige Verfügung über das Sparguthaben ohne Einhaltung einer dreimonatigen Kündigungsfrist ist möglich.
- Z.B. das Sparguthaben bleibt ja im Hause der Nordbank AG und fließt in längerfristige Anlageform.

3. Fall: Privatdarlehen

Aufgabe 1

- Gehaltsnachweise der letzten drei Monate
- Arbeitsvertrag
- Einkommensteuererklärung
- Selbstauskunft über Ausgaben und Einnahmen, evtl. Überschussrechnung
- Schufa-Auskunft
- Vermögensnachweise wie Sparguthaben, Depotauszüge

(1 Punkt je Aspekt, max. 2 Punkte)

Aufgabe 2

Lebenshaltungskosten **1.000,00 EUR** (gemäß den Vorschriften der Nordbank AG: 2 x 400,00 EUR + 2 x 100,00 EUR)

Aufgabe 3

Lebenshaltungskosten	1.000,00 EUR
+ Gesamtmiete (einschl. Nebenkosten)	1.000,00 EUR
+ Gesamtkosten für zwei Pkw (Benzin, Steuer, Versicherung)	450,00 EUR
+ Prämie Kapitallebensversicherung	250,00 EUR
+ Bausparen	100,00 EUR
+ Leasingrate für einen Pkw (Restlaufzeit 2 Jahre)	225,00 EUR
= Summe der monatlichen Verpflichtungen	**3.025,00 EUR**

Aufgabe 4

Nettoeinkommen	3.500,00 EUR
- Summe der monatlichen Verpflichtungen	3.025,00 EUR
= frei verfügbares Einkommen	475,00 EUR
- 30 % Abschlag	142,50 EUR
= frei verfügbares Resteinkommen	**332,50 EUR**

Aufgabe 5 B und F

Bei der Restschuldversicherung handelt es sich um eine Risikoversicherung mit fallender Versicherungssumme zur Sicherung der Restschuld von Darlehen bei Tod, Erwerbsunfähigkeit oder Arbeitsunfähigkeit und Arbeitslosigkeit der Kreditnehmer. Im Versicherungsfall zahlt die Versicherung bei Erwerbsunfähigkeit, Arbeitsunfähigkeit oder Arbeitslosigkeit die Raten für eine vereinbarte Zeitdauer bzw. im Todesfall umgehend die Restschuld an den Kreditgeber. Bei Ratenkrediten wird die Prämie einmalig im Voraus bei Abschluss des Versicherungsvertrags, frühestens sieben Tage nach Abschluss des Kreditvertrages gezahlt. Kreditvertrag und Restschuldversicherungsvertrag müssen seit 2025 getrennt voneinander mit dem Kreditnehmer abgeschlossen werden. Der Kreditnehmer muss ausreichend Zeit bekommen, ob eine Restschuldversicherung für ihn notwendig ist. Möglicherweise hat der Kreditnehmer bereits eine Risikolebensversicherung bei einer Versicherung abgeschlossen. Der Versicherungsvertrag darf die Bank erst sieben Tage nach Abschluss des Kreditvertrages mit dem Kreditnehmer abschließen.

Aufgabe 6

Die Nordbank AG vermittelt den Versicherungsabschluss mit ihrem Kooperationspartner aus der Versicherungswirtschaft, sodass nach Abschluss des Kreditvertrags auch der Versicherungsvertrag innerhalb einer Woche nach Abschluss des Kreditvertrages abgeschlossen werden kann. Vertragspartner sind die Versicherung und die Eheleute Tigges. Wenn Herr Tigges bereits einen Risikolebensversicherungsvertrag hat, der seinen Todesfall und seine Erwerbsunfähigkeit absichert, ist eine weitere Risikolebensversicherung nicht mehr notwendig. In der Risikolebensversicherung wird allerdings nicht das Risiko der Arbeitslosigkeit abgesichert.

Aufgabe 7

Wenn Pflichtangaben in dem Vertrag fehlen, bleibt der Kreditvertrag nach der Auszahlung des Darlehens rechtswirksam.

1. Das Ehepaar schuldet nur den gesetzlichen Zinssatz.
2. Fehlt im Vertrag die Angabe des Sollzinssatzes, des effektiven Jahreszinssatzes oder des Gesamtrückzahlungsbetrages, dann ermäßigt sich der Sollzinssatz des Darlehens auf den gesetzlichen Zinssatz von 4 %.
3. Fehlt das Kündigungsrecht, ist der Kreditnehmer jederzeit zur Kündigung berechtigt.
4. Bei Krediten mit einem Nettodarlehensvertrag von 75.000,00 EUR und weniger kann keine nachträgliche Besicherung verlangt werden. Falls eine ursprünglich vereinbarte Sicherheit ihren Sicherungswert verliert, kann eine Erhöhung der Besicherung auf den alten Wert verlangt werden.

(1 Punkt für jede Rechtsfolge, max. 4 Punkte)

Aufgabe 8 A und E

(vgl. § 495 BGB (Widerrufsrecht) in Verbindung mit § 355 BGB, entspricht zwei Wochen Widerrufsfrist) Der Verbraucher ist an seine auf den Abschluss des Vertrages gerichtete Willenserklärung nicht mehr gebunden, wenn er sie fristgerecht widerrufen hat. Der Widerruf muss keine Begründung enthalten und ist in Textform und durch Rückzahlung des Darlehens innerhalb von 30 Tagen nach Absendung des Widerrufs gegenüber der Bank zu erklären. Zur Fristwahrung genügt die rechtzeitige Absendung. Die Frist beginnt mit dem Zeitpunkt, zu dem der Verbraucher über sein Widerrufsrecht in Textform belehrt wurde. Beim Verbraucherdarlehensvertrag beginnt die Frist nicht zu laufen, bevor dem Verbraucher nicht eine Vertragsurkunde, der schriftliche Antrag des Verbrauchers oder eine Abschrift der Vertragsurkunde zur Verfügung gestellt wurde.

Aufgabe 9 D

Wertpapierart	Beleihungswert
Bundesanleihe max. NW 20.000,00 EUR 90 % Beleihungssatz	18.000 EUR
Pfandbriefe sind fällig	0 EUR
Chemie Aktien 6.650,00 EUR 60 % Beleihungssatz	3.990 EUR
Touristik Aktien 4.450,00 EUR 60 % Beleihungssatz	2.670 EUR
Beleihungswert	24.660 EUR
Beleihungswert abgerundet	24.000 EUR

Aufgabe 10 C

Abtretung von Lohn- und Gehaltsansprüchen:

Es können Ansprüche gegen derzeitige und zukünftige Arbeitgeber abgetreten werden. Dabei muss geprüft werden, ob die Abtretung vom Arbeitgeber vertraglich ausgeschlossen wurde. Weiterhin gibt es ein gesetzliches Abtretungsverbot für unpfändbare Forderungen, z. B. Waisenrenten oder Erziehungsbeihilfen. Außerdem muss die Abtretung auf einen Höchstbetrag begrenzt werden, i. d. R. der Gesamtrückzahlungsbetrag des Darlehens. Die Abtretung der Gehaltsansprüche ist auf den pfändbaren Teil des Gehalts begrenzt, Pfändungsfreigrenze zurzeit 1.560,00 EUR auf einem P-Konto für Alleinstehende.

Aufgabe 11

- Gesprächsangebot über einverständliche Regelung
- Verzug mit mindestens zwei aufeinander folgenden Raten (ganz oder teilweise) in Höhe von mindestens 10 % der Kreditsumme bei einer Laufzeit bis drei Jahre
- Frist von zwei Wochen zur Zahlung des rückständigen Betrags
- Erklärung, dass bei Nichtzahlung die gesamte Restschuld fällig ist.

Aufgabe 12 A

Verwertung von beweglichen Sachen und Wertpapieren:

- Grundsatz der öffentlichen Versteigerung
- Ausnahme freihändiger Verkauf, vorausgesetzt, das Pfand hat einen Börsen- oder Marktpreis, z. B. bei Verkauf von Effekten an der Börse. Rechtsgrundlage sind §§ 1221, 1235, 1293, 1295 BGB.

Aufgabe 13 A und F

vgl. Ausführungen zum gerichtlichen Mahnverfahren in §§ 688 ff. Zivilprozessordnung (ZPO) Das gerichtliche Mahnverfahren ist ein formularmäßig durchgeführter, abgekürzter Zivilprozess, der dem Gläubiger (Antragsteller) schnell und kostengünstig einen Vollstreckungstitel verschafft. Der Vollstreckungstitel berechtigt den Gläubiger zur Zwangsvollstreckung in das Vermögen des Schuldners (Antragsgegner). Grundsätzlich ist das Amtsgericht des Gläubigers für das Mahnverfahren zuständig. Anträge auf Erlass eines Mahnbescheids können auch im Wege des Datenträgeraustauschs eingereicht werden. Bei einem streitigen Verfahren (Widerspruch, Einspruch) ist das Gericht, bei dem der Antragsgegner seinen allgemeinen Gerichtsstand hat, örtlich zuständig. Dies ist i. d. R. das Gericht, in dessen Bezirk der Antragsgegner (Schuldner) wohnt oder seinen Geschäftssitz hat.

Rechnet der Gläubiger beim Mahnverfahren mit Einwendungen des Schuldners (Widerspruch) wird er zur Durchsetzung seiner Forderungen direkt das Klageverfahren einleiten.

Prüfungssatz V

1. Fall: Nachlasskonto

Aufgabe 1 C

Aufgabe 2 E und **F**

Aufgabe 3

- Girokonto: Verfügung möglich, da Vollmacht über den Tod hinaus
- Sparkonto: Verfügung möglich, da Gemeinschaftskonto mit Einzelverfügung

(je Entscheidung 1 Punkt, je Begründung 1 Punkt, max. 4 Punkte)

Aufgabe 4

- Erbschein wegen Erbenlegitimation
- Vollmacht von Sabine Weber, da Verfügungen über die Erbmasse nur von allen Erben gemeinschaftlich vorgenommen werden können.

(je Nennung 0,5 Punkte, max. 2 Punkte)

Aufgabe 5

- Lösung wie in Aufgabe 4 oder
- Kein Dokument notwendig, wenn Kontovertrag bei Gemeinschaftskonten ein Recht auf Umschreibung durch den überlebenden Ehegatten vorsieht

(Nennung 1 Punkt, Erklärung 2 Punkte; max. 3 Punkte)

Aufgabe 6

a) Keine Rückbuchung, da garantierte Zahlung

b) Rückgabe wegen Widerspruch möglich, da Lastschrift mit Einzugsermächtigung

c) Keine Rückbuchung, da Dauerauftrag bereits am 02.1. ausgeführt wurde

(je Entscheidung 1 Punkt, je Begründung 1 Punkt, max. 6 Punkte)

Aufgabe 7

- Direkte Überweisung vom Sparkonto in voller Höhe möglich, da es sich hier um einen Ausnahmefall und keinen regulären Zahlungsverkehrsvorgang handelt oder
- Umbuchung des vollen oder eines Teilbetrages vom Sparkonto auf ein Girokonto und anschließende Überweisung des Betrages von dort, da bei beiden Girokonten der Saldo für die Überweisung nicht ausreicht.

(Empfehlung 1 Punkt, Begründung 3 Punkte, max. 4 Punkte)

Aufgabe 8 B

Die Summe aller Guthaben übersteigt zu Beginn des Todestages die Grenze von 5.000,00 EUR. Außerdem besaß Herr Weber ein Schrankfach bei der Unionbank AG, sodass auf jeden Fall eine Meldung an die zuständige Erbschaftsteuerstelle erfolgen muss.

Aufgabe 9

09.02.20.. (Todesjahr)

Innerhalb von 30 Kalendertagen nach Bekanntwerden der Todesanzeige bei der Nordbank AG

Aufgabe 10

Berechnung der Zinsen:

Vorgerechnete Zinsen:	29,29 EUR
- Rückzinsen für 3 Tage:	0,24 EUR
aufgelaufene Zinsen bis zum Todestag:	29,05 EUR
in der Meldung nur volle EUR:	**29,00 EUR**
Sparguthaben (volle EUR)	**14.642,00 EUR**
Girokonto Ch. Weber (volle EUR)	**3.100,00 EUR**
Gesamtbetrag	**17.771,00 EUR**

2. Fall Bausparen

Aufgabe 1

Bausparen ist kollektives Zwecksparen mit dem Ziel einer zinsgünstigen Finanzierung eines Wohngebäudes bzw. einer Eigentumswohnung.

Grundgedanke des Bausparens ist die Idee der Selbst- bzw. Gemeinschaftshilfe. Bausparer schließen sich zu einem Kollektiv zusammen, das aus eigener Kraft eine zinsgünstige Finanzierung ihrer Bauvorhaben ermöglichen soll.

In der Sparphase sammeln die Bausparer durch Bauspareinlagen Eigenkapital auf Bausparkonten an. Die Bauspareinlagen fließen zusammen mit den Tilgungsrückflüssen aus gewährten Bauspardarlehen in die sog. Zuteilungsmasse. Aus der Zuteilungsmasse wird bei Zuteilung und Annahme der Zuteilung die vertraglich vereinbarte Bausparsumme zur Verfügung gestellt.

Sie setzt sich aus dem angesparten Guthaben und einem zinsgünstigen, nachrangig gesicherten Bauspardarlehen zusammen.

In der Darlehensphase wird das ausgezahlte Darlehen in monatlichen Raten getilgt.

(je Aspekt 1 Punkt, maximal 5 Punkte)

Aufgabe 2

10 % Wohnungsbau-Prämie nach dem Wohnungsbau-Prämiengesetz, zu versteuerndes Einkommen (Einkommensgrenze) von 70.000,00 EUR für Verheiratete;

9 % Arbeitnehmer-Sparzulage pro Person für maximal 470,00 EUR und für Verheiratete 940,00 EUR pro Jahr möglich, da das zu versteuernde Einkommen der Familie Schäfer unter 80.000,00 EUR beträgt.

(2 Möglichkeiten genannt 3 Punkte, Entscheidung gegen Arbeitnehmer-Sparzulage 1 Punkt, maximal 4 Punkte)

Aufgabe 3 **A** und **D**

vgl. auch § 2 WoPG und § 2 Fünftes VermBG

Aufgabe 4

226,00 EUR (86,00 + 140,00 EUR)

9 % Arbeitnehmer-Sparzulage für jeden Ehepartner für Einzahlungen von je 470,00 EUR vermögenswirksame Leistungen pro Jahr mit einer Arbeitnehmer-Sparzulage für das Ehepaar Schäfer von insgesamt 2 x 43,00 EUR = 86,00 EUR.

10 % Wohnungsbau-Prämie für höchstens 700,00 EUR Bausparbeiträge je Person (§ 3 WoPG)

Aufgabe 5

226,00 EUR (86,00 + 140,00 EUR)

Aufgabe 6 B

Die Bausparsumme darf nur für wohnwirtschaftliche Zwecke verwendet werden, also keine Investition in einen Immobilienfonds.

Aufgabe 7

- Finanzierung des beabsichtigten Erwerbs einer Eigentumswohnung mittels eines zinsgünstigen Bauspardarlehens
- Inanspruchnahme der vermögenswirksamen Leistungen nach dem VermBG und der Wohnungsbau-Prämie im Rahmen der staatlichen Sparförderung
- Der Zinssatz für ein Bauspardarlehen ist von vornherein bei Abschluss des Bausparvertrags festgelegt und ist unabhängig von der Kapitalmarktsituation.

(je Argument 2 Punkte, maximal 4 Punkte)

Aufgabe 8

- relativ geringer Guthabenzins bei Bausparverträgen im Vergleich zu langfristigen festverzinslichen Wertpapieren
- relativ hohe Gebühren (Abschlussgebühr 1 % der Bausparsumme, Kontoführungsgebühren, Gebühren bei Darlehensauszahlung)
- lange Frist bis zur Zuteilungsreife
- relativ hohe Annuitäten bei der Darlehenstilgung wegen kurzer Tilgungsdauer bei Bausparkassen
- relativ hohe Mindestansparsumme

(je Nachteil 1 Punkt, maximal 4 Punkte)

Aufgabe 9

80.000,00 EUR

4 Promille der Bausparsumme entsprechen monatlich 320,00 EUR

1 Promille entsprich 80,00 EUR

Bausparsumme = 80 x 1000 = 80.000,00 EUR

Aufgabe 10

Das Ehepaar Schäfer sollte sich für den Tarif Classic-Maxi entscheiden, da bei diesem Tarif der effektive Jahreszins relativ niedrig ist (2,46 %) und der Tilgungsbeitrag bei einer Bausparsumme von 80.000 EUR monatlich 480 EUR beträgt. Die Rückzahlungsfrist beträgt bei diesem Tarif 115 Monate. Der Tarif Classic-Mini hat zwar den niedrigsten Nominalzins/Effektivzins (1,75 %/2,08 %), aber eine relativ hohe Tilgungsrate von 640 EUR monatlich. Die Rückzahlungsfrist beträgt allerdings auch nur 81 Monate.

Aufgabe 11 A und **D**

Nach § 15 Abs. 3 des Wohnungsbau-Prämiengesetzes ist eine prämienunschädliche Auszahlung der Bausparbeiträge nur im Falle des Todes und der völligen Erwerbsunfähigkeit des Bausparers und im Falle der Zuteilungsreife des Bauspardarlehens möglich.

Aufgabe 12 A und **D**

Das Bauspardarlehen darf nur für wohnwirtschaftliche Zwecke verwendet werden.

Aufgabe 13

Der Anspruch auf Wohnungsbau-Prämie nach § 4 Abs. 1 WoPG entsteht mit Ablauf des Sparjahrs. Die Wohnungsbauprämie ist vom Ehepaar nach § 4 Abs. 2 WoPG jährlich bei der Bausparkasse zu beantragen. Nach § 5 Abs. 2 WoPG werden die Prämien jährlich dem Bausparkonto vorgemerkt und gutgeschrieben und sind vom Ehepaar Schäfer zu vertragsgemäßen Zwecken zu verwenden.

Auszahlung der Wohnungsbauprämie:

Ausgezahlt werden alle vorgemerkten Prämien erst, wenn man den Bausparvertrag für wohnwirtschaftliche Zwecke verwendet hat, z. B. Ablösung einer Zwischenfinanzierung im Rahmen einer Eigenheimfinanzierung.

Die Bausparkasse prüft jedes Jahr, ob die Kriterien für die Wohnungsbau-Prämien erfüllt wurden und die Bauspar-Prämie wird dann für das Jahr vorgemerkt.

Im Kontoauszug des Folgejahres wird der Sparer informiert, ob die Prämie vorgemerkt ist.

Im Vergleich dazu die Auszahlung der Arbeitnehmer-Sparzulage beim Bausparen

Der Arbeitnehmer beantragt jährlich im Rahmen seiner Einkommensteuererklärung bei seinem Finanzamt die Arbeitnehmer-Sparzulage.

Die Auszahlung der festgesetzten Sparzulage an den Arbeitnehmer erfolgt durch das Finanzamt, wenn die für die Anlageart geltende Sperrfrist (z. B. 7 Jahre) bereits abgelaufen ist oder für die Anlageart keine Sperrfrist gilt. (z. B. bei Entschuldung von Wohnungseigentum)

Aufgabe 14 C

3. Fall: Anschaffung einer Wohnzimmereinrichtung

Aufgabe 1 C

Aufgabe 2

Nettoeinkommen	3.100,00 EUR
Kreditkosten pro Monat laut Konditionentabelle für 24 Monate Laufzeit	1.150,00 EUR
Lebenshaltungskosten	2.400,00 EUR
Kreditkosten + Lebenshaltungskosten	3.550,00 EUR

Das Darlehen kann in der gewünschten Laufzeit von 2 Jahren nicht gewährt werden, da die Gesamtkosten ihr Nettoeinkommen um 450,00 EUR übersteigen.

Neues Angebot mit einer Laufzeit von 72 Monaten:

Nettoeinkommen	3.100,00 EUR
Kreditkosten pro Monat laut Konditionentabelle für 72 Monate Laufzeit	450,00 EUR
Lebenshaltungskosten	2.400,00 EUR
Kreditkosten + Lebenshaltungskosten	2.850,00 EUR

Bei einer verlängerten Laufzeit von 72 Monaten verbleiben Frau Kaufmann noch 250,00 EUR (3.100 – 2.850) pro Monat. Andere Varianten von z. B. mit einer Laufzeit von 60 oder 66 Monaten sind ebenfalls möglich.

Aufgabe 3 D

Informationspflichten über:

- Nettodarlehensbetrag
- Nominalzins
- zu bestellende Sicherheiten
- evtl. Restkreditversicherung: Bei dem Abschluss einer Restkreditversicherung bei Verbraucherdarlehen ist zu beachten, dass der Kreditvertrag und der Versicherungsvertrag separat und zu unterschiedlichen Zeiten (z. B. nach einer Wochenach Abschluss des Kreditvertrages) abgeschlossen werden dürfen. Der dKreditnehmer hat bereits eine Risikolebensversicherung, sodass eine Restschuldversicherung nicht mehr notwendig ist. Das Risiko der Arbeitslosigkeit wird allerdings durch eine Risikolebensversicherung nicht abgedeckt.
- Gesamtrückzahlungsbetrag
- Art und Weise der Rückzahlung des Darlehens

Aufgabe 4

- Pfandvertrag zwischen Frau Paulsen und der Nordbank AG; Auszahlung des Darlehens an Frau Kaufmann + Anzeige der Verpfändung an die Unionbank AG (Eine Abtretung der Ansprüche aus dem Sparkonto wären ebenfalls möglich).
- Abtretungsvertrag: Einigung zwischen Frau Kaufmann und der Nordbank AG + Abtretung der Ansprüche aus der Kapitallebensversicherung durch Frau Kaufmann.
- Sicherungsübereignungsvertrag: Einigung zwischen Frau Kaufmann und der Nordbank + Besitzkonstitut. Die Nordbank AG wird treuhänderische Eigentümerin der Wohnzimmermöbel.
- stille Abtretung der Gehaltsansprüche von Frau Kaufmann durch Abtretungsvertrag zwischen der Nordbank AG und Frau Kaufmann.

- eine Abtretung von Unterhaltszahlungen bzw. Sozialleistungen sind gesetzlich nicht zulässig.

(je Vertrag 2 Punkte, maximal 6 Punkte)

Aufgabe 5 C und E

Aufgabe 6 D und **F**

Aufgabe 7

Die Widerrufsfrist beginnt mit Erhalt der Widerrufsinformation in, jedoch nicht vor Abschluss des Kreditvertrags und nicht, bevor Frau Kaufmann die im Kreditvertrag erforderlichen Pflichtangaben erhalten hat. Zur Wahrung der Widerrufsfrist genügt die rechtzeitige Absendung des Widerrufs.

Frau Kaufmann kann den Darlehensvertrag innerhalb einer Frist von 14 Kalendertagen in Textform widerrufen. Es ist in der vorvertraglichen Information sowie im Kreditvertrag auf sein Widerrufsrecht hinzuweisen.

(je Aspekt 1 Punkt, maximal 2 Punkte)

Aufgabe 8

Durch den Widerruf kann Frau Kaufmann erreichen, dass ihre Willenserklärung zum Vertragsabschluss nicht wirksam wird. Wenn sie seinen Widerruf ordnungsgemäß erklärt hat, wird der Vertrag rückabgewickelt. Zugeflossene Kreditbeträge muss Frau Kaufmann einschließlich der in der Zwischenzeit aufgelaufenen Zinsen zurückzahlen.

(je Aspekt 1 Punkt, maximal 2 Punkte)

Aufgabe 9 B

Aufgabe 10

- Verzug mit mindestens zwei aufeinander folgenden Raten (ganz oder teilweise), mindestens 5 % der Kreditsumme bei einer Laufzeit von sieben Jahren
- Frist von zwei Wochen zur Zahlung des rückständigen Betrags
- Erklärung, dass bei Nichtzahlung die gesamte Restschuld fällig wird
- Gesprächsangebot über einverständliche Regelung

(je Maßnahme 0,5 Punkte, maximal 2 Punkte)

Aufgabe 11

- Androhung der Verwertung der Sicherheiten und Fristsetzung
- Offenlegung der Gehaltsabtretung beim Arbeitgeber von Frau Kaufmann
- Einzug des pfändbaren Teils des Gehalts
- ggf. Einzug der Sicherheiten, z. B. Spareinlage bei der Unionbank AG

(je Aspekt 0,5 Punkte, maximal 2 Punkte)

Aufgabe 12

- Die Nordbank AG stellt einen Antrag auf Erlass eines Mahnbescheids.
- Das Amtsgericht erlässt einen Mahnbescheid und stellt ihn Frau Kaufmann zu.
- Die Nordbank AG stellt einen Antrag auf Erlass eines Vollstreckungsbescheids.
- Das Amtsgericht erlässt einen Vollstreckungsbescheid und stellt ihn Frau Kaufmann zu.

(je Aspekt 1 Punkt, maximal 3 Punkte)

Prüfungssatz VI

1. Fall: Firmenkonto

Aufgabe 1

- Erklärung der Schnellsener Mühle GmbH, dass Herr Kaus regelmäßig auf das Geschäftskonto einzahlen soll.
- Einmalige Identifizierung von Herrn Kaus durch die Nordbank AG gemäß GwG
- Bei künftigen Einzahlungen genügt die Namensaufzeichnung auf dem Einzahlungsbeleg.

(Beschreibung 2 Punkte, 2 Voraussetzungen je 1 Punkt, maximal 4 Punkte)

Aufgabe 2

- Prüfung der PIN
- Prüfung der Gültigkeit der Karte
- Prüfung einer möglichen Sperre der Karte
- Prüfung der Einhaltung des Verfügungsrahmens

(je Aspekt 0,5 Punkte, maximal 2 Punkte)

Aufgabe 3 B und F

Bankkarte, Debitkarte und. Kreditkarte ermöglichen ein kontaktloses Bezahlen ohne PIN-Eingabe. Beim Zahlungsvorgang hält der Inhaber die mit einem Funkchip (NFC) ausgestattete Karte in einem Abstand von einigen Zentimetern an die Bezahlfläche des Terminals und der Rechnungsbetrag wird per Lastschrift vom Konto des Zahlungspflichtigen unwiderruflich abgebucht. Die Karte muss nicht mehr in das Kassenterminal gesteckt werden. Bis zu einem Höchstbetrag für eine einzelne Zahlung von 50,00 EUR ist keine PIN-Eingabe notwendig. In Deutschland akzeptieren rund 13.000 Händler, Tankstellen, Gastronomiebetriebe und Dienstleister diese Zahlungen. Ein akustisches Signal bestätigt die erfolgreiche Zahlung.

Aufgabe 4

- Die Kundenbindung wird durch diese Serviceleistung gestärkt.
- Die tägliche Kassenaufnahme/-abstimmung wird erleichtert.
- Die Prämie für die Versicherung des Bargeldbestands wird reduziert.
- Der Aufwand für den Geldtransport zur Nordbank AG wird reduziert.

(je Argument 2 Punkte, maximal 6 Punkte)

Aufgabe 5

Vorteil

Da es zu keiner Online-Autorisierung kommt, entstehen der Schnellsener Mühle bei Anwendung dieses Verfahrens geringere Kosten.

Nachteil

Die Zahlung wird der Schnellsener Mühle GmbH nicht garantiert; daher trägt sie das Risiko der Rückgabe der Lastschrift.

(je Vorteil und Nachteil 1 Punkt, maximal 2 Punkte)

Aufgabe 6

a)

- bessere Kontodisposition möglich.

- pünktlicher Zahlungseingang – Rückführung von Außenständen
- geringerer Verwaltungsaufwand bei Überwachung und Mahnung
- bessere Liquiditätsplanung durch Bestimmung des Zeitpunkts des Geldeingangs
- Zinsvorteil durch Buchung aller Rechnungen in einer Summe zum Fälligkeitstag
- ggf. geringere Entgelte für Buchungsposten im Vergleich zu Zahlungen durch Überweisungen
- Überwachung vereinzelter Retouren ist einfacher als Überwachung von Überweisungseingängen.
- höhere Liquidität, da sofortige Gutschrift

b)

- keine Überwachung der Zahlungstermine erforderlich
- Vermeidung von Mahnkosten durch pünktliche Zahlung am Fälligkeitstag
- Erstattungsanspruch auch bei autorisierten Zahlungen

(je Vorteil für GmbH und Kunden 1 Punkt, maximal 4 Punkte)

Aufgabe 7 D

Aufgabe 8 C

Aufgabe 9 B

Aufgabe 10

Empfehlung: SEPA-Basis-Lastschriftverfahren

Begründung: Einfachere Handhabung, weil die Zustimmung der Kunden direkt bei der Schnellsener Mühle GmbH vorliegt und nur ihr gegenüber widerrufen werden kann.

oder

Empfehlung: SEPA-Firmenlastschriftverfahren

Begründung: keine Rückgabe wegen Widerspruch möglich

(Ent scheidung 0,5 Punkte, Begründung 0,5 Punkte, maximal 1 Punkt)

Aufgabe 11

- Nachteil SEPA-Basislastschriftverfahren: Der Lastschrift kann innerhalb von acht Wochen widersprochen werden.

oder

- Nachteil SEPA-Firmenlastschriftverfahren: Der Kunde kann das Lastschriftmandat direkt bei seiner Bank widerrufen.

(ein Nachteil erhält 2 Punkte)

Aufgabe 12

Voraussetzungen für das Basislastschriftverfahren und das Firmenlastschriftverfahren

- Die Schnellsener Mühle GmbH muss mit der Nordbank AG eine Inkassovereinbarung über den Einzug von Forderungen durch SEPA-Lastschriften abgeschlossen haben.
- Die Kunden müssen der Schnellsener Mühle GmbH schriftlich SEPA-Lastschriftmandate erteilen und ihre Bank über das Lastschriftmandat informieren.
- Die Deutsche Bundesbank muss der Schnellsener Mühle GmbH eine Gläubiger-Identifikationsnummer (Gläubiger-ID) zugewiesen haben.

- Die Schnellsener Mühle GmbH muss für jeden Lastschrifteinzug eine individuelle Mandatsreferenznummer vergeben. Sie dient in Verbindung mit der Gläubiger-ID der Identifizierung des SEPA-Mandats.
- Zahlungsavis: Die Schnellsener Mühle GmbH ist verpflichtet, den Kunden spätestens 14 Kalendertage vor dem ersten Lastschrifteinzug über Betrag und Datum des Einzugs zu informieren.
- Die Lastschriften müssen der Zahlstelle bei Erst- und Einmallastschriften spätestens fünf Geschäftstage, bei wiederkehrenden Lastschriften spätestens zwei Geschäftstage vor Fälligkeit vorliegen.
- Bei SEPA-Firmenlastschriften müssen die Lastschriften der Zahlstelle spätestens einen Geschäftstag vor Fälligkeit vorliegen.

(je Voraussetzung 0,5 Punkte, maximal 2 Punkte)

Aufgabe 13

Die Schnellsener Mühle ist verpflichtet,

- ein Fälligkeitsdatum anzugeben.
- den Kunden spätestens 14 Tage vor Fälligkeit den Einzug mit Betrag und Datum anzukündigen (Erstinformation).
- nur SEPA-Lastschriften einzureichen, bei denen der Schnellsener Mühle GmbH ein SEPA-Lastschriftmandat vorliegt.
- einen Widerruf des SEPA-Lastschriftmandats zu beachten.
- eine Rücklastschrift wegen ungerechtfertigter Belastung innerhalb von 13 Monaten und wegen fehlender Kontodeckung oder Unanbringlichkeit innerhalb von 8 Wochen nach Belastungsbuchung zuzulassen.

(je Verpflichtung 1 Punkt, maximal 2 Punkte)

Aufgabe 14

- Kommt es nach Gutschrift der eingereichten Lastschriften und anschließender Verfügung durch die Schnellsener Mühle GmbH zu Rücklastschriften, kann dies zu einer Überziehung des Geschäftskontos führen.
- Das Lastschriftlimit soll diese mögliche Überziehung begrenzen, da die erste Inkassostelle für rechtzeitig vorgenommene Lastschriften haftet.

Aufgabe 15 A

2. Fall Auslandszahlungen

Aufgabe 1 und **Aufgabe 2**

Aspekte	Risiken	Absicherung
Wirtschaftliche Risiken	Abnahmerisiko: Der Importeur verweigert die Abnahme der Ware.	Akkreditiv
	Zahlungs- und Kreditrisiko: Der Importeur verweigert die Zahlung	Akkreditiv
	Lieferrisiko: Der Exporteur verweigert die Lieferung.	Liefer- und Leistungsgarantie
	Qualitätsrisiko: Der Exporteur liefert Waren minderer Qualität.	SGS-Zertifikat, Qualitätszertifikat
	Kursrisiko: Ex- oder Importeur tragen das Risiko von Kursschwankungen der Währung, in der die Rechnung fakturiert wurde.	In eigener Währung zahlen Devisenoptionsgeschäft Devisentermingeschäft
	Transportrisiko: Ex- oder Importeur tragen das Risiko der Beschädigung oder des Verlustes der Ware auf dem Transportweg.	Transportversicherung
	Anzahlungsrisiko	Anzahlungsgarantie
Politische Risiken	Politisches Risiko: Ex- oder Importeur tragen das Risiko eines politischen Umsturzes im Land des Vertragspartners	Hermes-Bürgschaft
	Transfer- bzw. Konvertierungsrisiko: Ex- oder Importeur tragen das Risiko, dass eine Währung auf dem Devisenmarkt nicht transferiert bzw. umgetauscht werden kann.	In eigener Währung zahlen

(Aufgabe 1 je Risiko 2 Punkte, max. 8 Punkte)
(Aufgabe 2 je Absicherung 1 Punkt, max. 4 Punkte)

Aufgabe 3 A

Aufgabe 4 A

Aufgabe 5

Aussteller ist die Banco Comercial. (1 Punkt)
Bezogene Bank ist die Bank of America. (1 Punkt)

Aufgabe 6

Die Nordbank AG trägt ein Kursrisiko, da bis zum Eingang des Scheckgegenwertes der Wert des USD sinken kann. Aufgrund der relativ kurzen Zeitspanne schätzt die Nordbank AG das Kursrisiko vermutlich als gering ein.

Falls der Scheck unbezahlt zurückkommt, trägt die Nordbank AG ein Rückbelastungsrisiko für den Fall, dass die Still AG bereits über den Gegenwert verfügt hat. Das Risiko ist allerdings gering, da eine Bank mit erstklassiger Bonität der Scheckschuldner ist.

(1 Punkt für Nennung des Risikos, 1 Punkt für die Beurteilung des Risikos, max. 2 Punkte)

Aufgabe 7

Der Zahlungseingang ist nicht zu melden, da ihm eine Warenausfuhr zugrunde liegt.

Aufgabe 8

Geldkurs : 1 EUR = 1,0289US-Dollar

225.000 USD = x Euro

1,0289 USD = 1 Euro
x = 225.000 : 1,0289 = 218.680,141 EUR

Aufgabe 9

Die Still AG erhält für die in sechs Monaten zu liefernde Devisen heute bereits von der Nordbank AG einen Umrechnungskurs zugesichert. Damit hat die Still AG Gewissheit über den EUR-Wert ihres Exporterlöses.

Aufgabe 10 A

vgl. § 78 AktG (Vertretung der AG).

3. Fall: Vergleich Leasing- und Kreditfinanzierung

Aufgabe 1

Kreditfinanzierung	Leasingfinanzierung
- Kauf durch Fremdfinanzierung - Zins und Tilgung - Kunde ist Eigentümer des Fahrzeugs - Vollkaskoversicherung nicht obligatorisch - Vorzeitige Kündigung des Kreditvertrags möglich	- Nutzungsüberlassung gegen Entgelt - Leasingraten - Leasinggesellschaft ist Eigentümerin des Fahrzeugs - Vollkaskoversicherung obligatorisch - Keine vorzeitige Kündigung des Leasingvertrags möglich

(je Aspekt 2 Punkte, maximal 4 Punkte)

Aufgabe 2 C

Aufgabe 3

a) Kreditbetrag 15.000,00 EUR (2 Punkte)
   Rechenweg: 19.149 – 3.650 = 15.499 abgerundet auf volle 1.000 EUR = 15.000,00 EUR

b) 47 Raten a 347,55 EUR, Schlussrate 113,11 EUR (2 Punkte)

Aufgabe 4

- Möglichkeit eines Barzahlungsrabatts beim Händler
- Vollfinanzierung des Kaufs möglich
- freie Modell- und Ausstattungswahl, das Finanzierungsangebot der Nissan Auto Deutschland GmbH ist/kann an ein bestimmtes Modell gebunden sein
- keine hohe Schlussrate, die der Kunde ansonsten ansparen müsste
- Gesamtbelastung niedriger

(je Argument 1 Punkt, maximal 3 Punkte)

Aufgabe 5 C

Aufgabe 6

Lohn- bzw. Gehaltsnachweise der letzten drei Monate: Nachweis über die Höhe des Nettoeinkommens
- Selbstauskunft: gibt Einblick in die Vermögenssituation, weitere Einnahmen und die finanzielle Belastung
- Schufa-Auskunft: gibt Positiv- und Negativmerkmale zu dem Antragsteller wieder
- Arbeitsvertrag: zeigt an, ob es sich um ein befristetes/unbefristetes Arbeitsverhältnis handelt
- Bankauskunft: gibt Auskunft über das Verhalten des Kunden im Zusammenhang mit Bankgeschäften in der Vergangenheit

(je Dokument mit Begründung 2 Punkte, maximal 6 Punkte)

Aufgabe 7

Mtl. Nettoeinkommen 1.943,00 EUR
- Nebenkosten (65 qm x 2,00 EUR) =130,00 EUR
- Haushaltspauschale 520,00 EUR

- Miete 357,50 EUR
- Kfz-Kosten 200,00 EUR
= Gesamtkosten 1.207,50 EUR
Frei verfügbares Einkommen 735,50 EUR
(Mit Rechenweg 2 Punkte)

Aufgabe 8 C

Aufgabe 9

Entscheidung: Ja

Begründung: Aus dem frei verfügbaren Einkommen kann die monatliche Rate der Nordbank AG bezahlt werden.

Aufgabe 10

Zwei aufeinander folgende Raten muss Herr Becker in Verzug geraten, damit die Nordbank AG das Darlehen fällig stellen kann.

Prüfungssatz VII

1. Fall: Anderkonto/Partnerschaftskonto

Aufgabe 1 A und E

Anderkonten sind nur bestimmten Berufsgruppen vorbehalten.

Rechtsgrundlage: AGB und Sonderbedingungen für Anderkonten und Anderdepots

Kontoinhaber: Notare, Rechtsanwälte Wirtschaftsprüfer, Steuerberater usw.

Kontobezeichnung: Name des Treuhänders mit dem Zusatz „Anderkonto“

Der wirtschaftlich Berechtigte kann in der Kontobezeichnung angegeben werden.

Verfügungsberechtigte: Kontoinhaber, Bevollmächtigte bei Notaranderkonten nur der amtlich bestellte Vertreter, bei den übrigen Anderkonten können nur Vollmachten an Personen erteilt werden, die selbst zur Eröffnung eines solchen Kontos berechtigt sind.

Die Inhaber von Anderkonten sind grundsätzlich verpflichtet, jeden Treuhandvorgang über ein besonderes Konto abzuwickeln.

Legitimation: Einmal bei erstmaliger Eröffnung eines Anderkontos.

Besondere Regelung:

Der Kontoinhaber erklärt, dass das Konto nicht eigenen Zwecken des Kontoinhabers dient. Der Notar z. B. ist verpflichtet, den Namen desjenigen mitzuteilen, für dessen Rechnung er handelt.

Kontoüberziehungen sind grundsätzlich nicht möglich.

Die Bank besitzt kein Pfand- oder Zurückbehaltungsrecht an dem Guthaben.

Die Bank haftet nicht für unrechtmäßige Verfügungen des Kontoinhabers.

Der Treugeber (wirtschaftlich Berechtigte) besitzt kein Auskunfts- und Verfügungsrecht gegenüber dem Kreditinstitut.

Das Kontoguthaben ist steuerlich dem Treugeber zuzurechnen. Es kann kein Freistellungsauftrag erteilt werden.

Aufgabe 2 D

Neben Herrn Müller kann nur von der Landesjustizverwaltung bestellter (amtlich bestellter) Vertreter über das Anderkonto verfügen.

Aufgabe 3

Herr Müller ist laut Registerauszug Vertretungsberechtigter der Partnerschaftsgesellschaft und nach § 7 Abs. 3 PartGG sowie § 125 HGB alleine vertretungsberechtigt.

Aufgabe 4 D

Herr Müller kann aufgrund seiner Bestallungsurkunde die Partnerschaft rechtswirksam vertreten und somit auch ein Anderkonto auf den Namen der Partnerschaft eröffnen lassen.

Aufgabe 5

A	B
4	**5**

Dr. Berger, Gruttke, Dr. Volkmann und Partner Wirtschaftsprüfungsgesellschaft – Steuerberatungsgesellschaft – Notariat ist die Kontobezeichnung für die Partnerschaftsgesellschaft

Die Kontobezeichnung könnte auch lauten: Dr. Berger und Partner Wirtschaftsprüfungsgesellschaft – Steuerberatungsgesellschaft – Notariat. Es muss lediglich wenigstens ein Partner in der Kontobezeichnung genannt werden.

Das Anderkonto lautet: Dr. Berger, Gruttke, Dr. Volkmann und Partner Wirtschaftsprüfungsgesellschaft –Steuerberatungsgesellschaft – Notariat Anderkonto Busch/Köhler
(je Kontobezeichnung 1 Punkt, maximal 2 Punkte)

Aufgabe 6

Partnerschaftsregisterausweis wegen § 154 AO

- Vorlage der Bestallungsurkunde des Landgerichts wegen Vertretungsbefugnis für die Partnerschaft
- Personalausweis von Herrn Müller wegen Nachprüfung der Vertretungsberechtigung und Identität

(je Unterlage und Begründung 1 Punkt, maximal 3 Punkte)

Aufgabe 7

Aus Sicherheitsgründen: Der Notar überweist erst das Geld an den Verkäufer des Grundstücks, wenn die neuen Eigentumsverhältnisse eingetragen sind, z. B. in einer Auflassungsvormerkung.

Aufgabe 8

a) nach Ziffer 1 der Bedingungen für Anderkonten möglich
b) nach Ziffer 11 der Bedingungen möglich
c) nach Ziffer 11 der Bedingungen möglich
d) nach Ziffer 11 der Bedingungen möglich
e) nach Ziffer 6 der Bedingungen nicht zulässig
f) nach Ziffer 11 in Verbindung mit Ziffer 6 der Bedingungen nicht möglich
g) nach Ziffer 7 der Bedingungen möglich
(je Lösungsvorschlag 1 Punkt, maximal 7 Punkte)

Aufgabe 9

Geschäftsgirokonto	12.560,90 EUR
Sparkonto	25.600,90 EUR
Sparzinsen	250,80 EUR
Depotkonto	65.300,00 EUR
Summe	**103.712,60 EUR**

Aufgabe 10

a) Verfügungsberechtigt ist der vom Landesjustizminister bestellte Notariatsverweser.

b) Steuerpflichtig ist der jeweilige Treugeber.

(je Aspekt 2 Punkte, maximal 4 Punkte)

2. Fall: Sparen nach dem Vermögensbildungsgesetz

Aufgabe 1

Gemäß Manteltarifvertrag stehen den Auszubildenden vermögensbildende Leistungen des Arbeitgebers in Höhe von **480,00 EUR** jährlich zu. Staatlich gefördert wird allerdings nur das Bausparen mit 470,00 EUR mit 9% und maximal 400,00 EUR Beteiligungssparen mit 20%. Die Einkommensgrenzen betragen für das Fünfte Vermögensbildungsgesetz auf ein zu versteuerndes Einkommen von 40.000,00/80.000,00 EUR für Ledige/Verheiratete.

Aufgabe 2

Bausparsumme **10.000,00 EUR**
Rechenweg: 4 Promille der Bausparsumme entsprechen monatlich 40,00 EUR
1 Promille entspricht 10,00 EUR
Bausparsumme = 10 x 1000 = 10.000,00 EUR

Aufgabe 3

a) Geförderter Personenkreis: Arbeitnehmer, Auszubildende, Beamte und Soldaten deren zu versteuerndes Einkommen 40.000,00 EUR (Alleinstehende) und 80.000,00 EUR (Verheiratete) nicht übersteigt. Nicht geförderter Personenkreissind Selbstständige, Rentner, Pensionäre. Die Einkommensgrenze beim Beteiligungssparen beträgt ebenfalls 40.000,00 EUR/80.000,00 EUR für Ledige/Verheiratete. Die Einkommensgrenzen beziehen sich auf das zu versteuernde Einkommen

b) Vertragsart/Anlageform:

- Erwerb von Vermögensbeteiligungen, z. B. Aktien, Anteile an Aktienfonds, Genussscheine, Genossenschaftsanteile u. a. im Rahmen eines Wertpapier-Sparvertrages oder Wertpapier-Kaufvertrages u. a. m.
- Anlage auf Konten und Erwerb von Wertpapieren, die nicht als Vermögensbeteiligung gelten, z. B. Sparverträge für vermögenswirksame Leistungen sowie Erwerb von festverzinslichen Wertpapieren und Anteilen an Rentenfonds
- Anlagen nach dem Wohnungsbauprämiengesetz und für andere begünstigte Baumaßnahmen, z. B. Bausparen und ähnliche Anlageformen des WoPG (vgl. § 2 ff. VermBG)
- Anlagen auf Grund von Kapitalversicherungsverträgen, z. B. Kapitalversicherung auf den Erlebens- und Todesfall mit einer Mindestdauer von 12 Jahren

c) Festlegungsfristen (vgl. § 4 ff. VermBG): (2 Punkt)

- 6 Jahre bei Wertpapier-Kaufverträgen
- 7 Jahre bei Sparverträgen und Sparverträgen über Wertpapiere
- 12 Jahre bei Kapitalversicherungsverträgen

d)

Vermögensbeteiligungen jährlich	Bausparen jährlich	Sparerhöchstbetrag nach VermBG, jährlich je Arbeitnehmer (AN)
Anlagebetrag 400 EUR	Anlagebetrag 470 EUR	870 EUR
AN-Sparzulage 20 %	AN-Sparzulage 9 %	

Aufgabe 4 D

Bausparen ist kollektives Zwecksparen mit dem Ziel einer zinsgünstigen Finanzierung eines Wohngebäudes oder Eigenheims. Bausparer schließen sich zu einem Kollektiv zusammen, das aus eigener Kraft eine zinsgünstige Finanzierung ihrer Bauvorhaben ermöglichen soll. In der Sparphase sammeln die Bausparer durch Bauspareinlagen Eigenkapital auf Bausparkonten an. Die Bauspareinlagen fließen zusammen mit den Tilgungsrückflüssen aus gewährten Bauspardarlehen in die sog. Zuteilungsmasse. Aus der Zuteilungsmasse wird bei Zuteilung und Annahme der Zuteilung die vertraglich vereinbarte Bausparsumme zur Verfügung gestellt. In der Darlehensphase wird das ausgezahlte Darlehen in monatlichen Raten getilgt.

Die Zinssätze bei Bausparverträgen werden für die Anspar- und Darlehensphase von vornherein bei Vertragsschluss und Tarifwahl festgelegt.

Ist der Bausparvertrag ein prämienbegünstigter Vertrag, kann über das Bausparguthaben nur prämienunschädlich verfügt werden, wenn der Betrag für wohnwirtschaftliche Zwecke verwendet wird oder der Bausparer verstirbt bzw. völlig erwerbsunfähig geworden ist.

Aufgabe 5 D

Aufgabe 6

vgl. § 4 Abs. 4 VermBG: Eine vorzeitige Verfügung ist ... unschädlich, wenn

1. der Arbeitnehmer ... nach Vertragsabschluss gestorben oder völlig erwerbsunfähig geworden ist,
2. der Arbeitnehmer nach Vertragsabschluss, aber vor der vorzeitigen Verfügung geheiratet hat und im Zeitpunkt der vorzeitigen Verfügung mindestens zwei Jahre seit Beginn der Sperrfrist vergangen sind,
3. der Arbeitnehmer nach Vertragsabschluss arbeitslos geworden ist und die Arbeitslosigkeit mindestens ein Jahr lang ununterbrochen bestanden hat und im Zeitpunkt der vorzeitigen Verfügung noch besteht ...

(je unschädliche Verfügung 1 Punkt, maximal 2 Punkte)

Aufgabe 7 B und **E**

Aufgabe 8

Vorteile des Bausparens:

vertraglich festgelegte Guthabenverzinsung

bei Zuteilung, das Recht auf das Bauspardarlehen mit meist niedrigerer Verzinsung als am Markt

sichere Kalkulationsgrundlage, da die Konditionen schon bei Abschluss des Bausparvertrages festgelegt werden, keine Änderung während der Laufzeit

manchmal Bonus, bei Nichtinanspruchnahme des Darlehens

(je Aspekt 1 Punkt, maximal 2 Punkte)

Aufgabe 9 D

Aufgabe 10

Sparzulagenunschädliche vorzeitige Verfügungen sind beim Beteiligungssparen möglich:

- bei Tod oder Erwerbsunfähigkeit des Sparers oder seines Ehegatten,
- bei Arbeitslosigkeit von mindestens einem Jahr,

- wenn der Sparer geheiratet hat und mindestens zwei Jahre seit Beginn der Sperrfrist vergangen sind,
- wenn der Sparer eine selbstständige Erwerbstätigkeit bei Aufgabe der nichtselbstständigen Arbeit aufnimmt,
- wenn eine berufliche Weiterbildungsmaßnahme finanziert werden soll.

(je Erklärung 1 Punkt, maximal 2 Punkte)

Aufgabe 11 A und **D**

Aufgabe 12

A	B
2	**3**

Aufgabe 13

Der Arbeitgeber sollte 400,00 EUR auf einen Sparvertrag über Vermögensbeteiligungen und den Restbetrag auf einen Bausparvertrag überweisen.

Aufgabe 14

Die Arbeitnehmer-Sparzulage wird auf Antrag des Arbeitnehmers im Rahmen seiner jährlichen Einkommensteuererklärung vom zuständigen Finanzamt festgesetzt. Der Arbeitnehmer hat den Antrag spätestens bis zum Ablauf des 4. Kalenderjahres nach dem Kalenderjahr zu stellen, in dem die vermögenswirksamen Leistungen angelegt worden sind. Die Arbeitnehmer-Sparzulage wird mit Ablauf des Wertpapiersparvertrages fällig. Die Arbeitnehmer-Sparzulage wird aus den Einnahmen an Lohnsteuer gezahlt (vgl. §§ 6, 7 VermBDV).

Aufgabe 15

Der Bausparer beantragt die Wohnungsbau-Prämie am Ende eines jeden Sparjahres bei der Bausparkasse mit der Erklärung, dass die Einkommensgrenze von 35.000,00/70.000,00 EUR nicht überschritten wurde. Bei Zuteilung des Bausparvertrags bzw. bei Ablauf der Bindungsfrist wird die gesamte ermittelte Prämie von der Bausparkasse beim Finanzamt angefordert und dem Bausparkonto gutgeschrieben bzw. ausgezahlt.

3. Fall: Anschaffung eines Wohnwagens

Aufgabe 1

- Legitimationspapiere, Personalausweise von Frau und Herrn Herwig
- Gehaltsnachweise von beiden Eheleuten
- Selbstauskunft
- Schufa-Auskunft
- Arbeitsverträge der beiden Ehepartner Herwig

(je Legitimationspapier 1 Punkt, maximal 4 Punkte)

Aufgabe 2

a) Kreditbetrag 20.000,00 EUR (1 Punkt)

b) Zinsen für 60 Monate 4.124,00 EUR (1 Punkt)

c) Sollzinssatz 7,5 % (1 Punkt)

d) 59 monatliche Raten zu 400,00 EUR = 23.600,00 EUR (1 Punkt)
Darlehensbetrag einschließlich Zinsen: 24.124,00 EUR
Ausgleichsrate (60. Rate) = 524,00 EUR

Aufgabe 3

Einkommen Herr Herwig	2.050,00 EUR
Einkommen Frau Herwig	1.450,00 EUR
Summe	3.500,00 EUR
Laufende Kosten	
Gesamtmiete einschl. Nebenkosten	1.150,00 EUR
Kosten für Pkw	400,00 EUR
Lebenshaltungskosten	800,00 EUR
Sonstige Ausgaben	
Ratenkredit bei der Sparkasse Norderstedt (Restlaufzeit 6 Monate)	187,50 EUR
Kapital-Lebensversicherung, Bausparen	200,00 EUR
Gesamtaufwendungen	2.737,50 EUR
Frei verfügbares Einkommen	762,50 EUR
davon 30 % Rücklagen	228,75 EUR
Verbleibendes Einkommen	533,75 EUR

Aufgabe 4

Positive Kreditentscheidung: Das verbleibende Einkommen reicht aus, um die 60 Raten zu zahlen. Der Ratenkredit bei der Sparkasse wird in einem halben Jahr getilgt sein, sodass sich ein weiterer Spielraum von 187,50 EUR ergibt.

Aufgabe 5

Vorvertragliche Informationen zum Darlehen nach § 491 a BGB: Die Kundeninformation muss für dieses Darlehen folgende Angaben enthalten:

- Art des Darlehens
- Nettodarlehensbetrag
- Gesamtbetrag (Summe aus Nettodarlehensbetrag und Gesamtkosten)

- Sollzinssatz
- effektiver Jahreszins
- sonstige Kosten des Kredits
- Verzugszinssatz
- Vertragslaufzeit
- Betrag, Zahl und Fälligkeit der einzelnen Teilzahlungen
- Hinweis auf ein Widerrufsrecht
- zu bestellende Sicherheiten

(je Info 1 Punkt, maximal 4 Punkte)

Aufgabe 6 C

Dem Ehepaar Herwig ist die Möglichkeit einzuräumen, die Informationen in Abwesenheit von Frau Winter zu prüfen. Hierdurch soll dem Ehepaar die Möglichkeit gegeben werden, mehrere Kreditangebote vergleichen zu können. Außerdem sind dem Ehepaar von Frau Winter angemessene Erläuterungen zum Kreditangebot zu geben.

Aufgabe 7

a) - frühestens zu dem im Versicherungsvertrag genannten Versicherungsbeginn
- Der Darlehensbetrag muss ausgezahlt sein und die Versicherungsprämie muss bezahlt worden sein.

(je Aspekt 1 Punkt, maximal 2 Punkte)

b) - Todesfallrisiko
- Arbeitsunfähigkeitsrisiko

(je Aspekt 0,5 Punkte, maximal 1 Punkt)

c) - Bei Tod der versicherten Person während der Versicherungsdauer zahlt die Versicherung die Versicherungsleistung in Höhe der am Tag des Todes bestehenden Restforderung der Nordbank AG aus dem Darlehen, maximal jedoch das vereinbarte Garantiekapital. Das Garantiekapital reduziert sich monatlich um den im Vertrag angegebenen Betrag.
- Wird die versicherte Person während der Versicherungsdauer arbeitsunfähig, so zahlt die Versicherung eine monatliche Arbeitsunfähigkeitsrente. Der Anspruch auf Arbeitsunfähigkeitsrente entsteht nach Ablauf von sechs Wochen nach Eintritt der Arbeitsunfähigkeit. Der Anspruch auf Arbeitsunfähigkeitsrente erlischt, wenn die Arbeitsunfähigkeit endet. Arbeitsunfähigkeit liegt vor, wenn die versicherte Person infolge ärztlich nachzuweisender Gesundheitsstörungen außerstande ist, ihre bisherige oder eine andere Tätigkeit auszuüben, die aufgrund ihrer Ausbildung und Erfahrungen ausgeübt werden kann und ihrer bisherigen Lebensstellung entspricht.

(je Aspekt 1 Punkt, maximal 2 Punkte)

Aufgabe 8 D

Aufgabe 9

Die Nordbank AG (Zessionarin) wird durch die Abtretung Gläubigerin des pfändbaren Teils der Gehaltsforderungen von Herrn Herwig (Zedent) gegenüber dem jeweiligen Arbeitgeber, zurzeit ist dies die Jungheinrich AG (Drittschuldnerin).

Aufgabe 10

Die Widerrufsfrist beginnt mit Erhalt der Widerrufsinformation, jedoch nicht vor Abschluss des Kreditvertrags und nicht, bevor das Ehepaar die im Kreditvertrag erforderlichen Pflichtangaben erhalten hat. Zur Wahrung der Widerrufsfrist genügt die rechtzeitige Absendung des Widerrufs.

Das Ehepaar Herwig kann den Darlehensvertrag innerhalb einer Frist von 14 Kalendertagen in Textform widerrufen. Es ist in der vorvertraglichen Information sowie im Kreditvertrag auf sein Widerrufsrecht hinzuweisen.

Aufgabe 11

Durch den Widerruf kann das Ehepaar Herwig erreichen, dass seine Willenserklärung zum Vertragsabschluss nicht wirksam wird. Wenn das Ehepaar Herwig seinen Widerruf ordnungsgemäß erklärt hat, wird der Vertrag rückabgewickelt. Zugeflossene Kreditbeträge muss das Ehepaar einschließlich der in der Zwischenzeit aufgelaufenen Zinsen zurückzahlen.

Aufgabe 12

- Die Nordbank AG darf ihre Rechtsstellung nur im Falle der Störung des Kreditvertrags nutzen und die Gehaltsforderung einziehen.
- Die Nordbank AG darf ihre Ansprüche nur im benötigten Maße geltend machen.
- Nach ordnungsgemäßer Abwicklung des Kredits hat die Nordbank AG die Gehaltsansprüche an Herrn Herwig zurück zu übertragen.

(je Aspekt 1 Punkt, maximal 2 Punkte)

Aufgabe 13

Die Zession kann durch Zusendung der Benachrichtigungsschreiben an den Arbeitgeber offengelegt werden. Die Exemplare können jeweils bei evtl. Arbeitgeberwechseln zur Offenlegung genutzt werden. Der Arbeitgeber muss den pfändbaren Teil des Gehalts an die Nordbank AG zahlen.

Aufgabe 14 **D** und **E**

Prüfungssatz VIII

1. Fall: Konto für einen Sportverein

Aufgabe 1 A und **D**

- Der Zeitpunkt des Zahlungseingangs wird vom SC Norderstedt bestimmt, dadurch ist eine genauere Gelddisposition möglich.
- Zinsvorteil durch Gutschrift des Gesamtbetrags der fälligen Mitgliedsbeiträge in einer Summe.
- geringerer Verwaltungsaufwand und damit geringere Kosten im Rahmen des Mahnwesens.

Aufgabe 2

- Die Vereinsmitglieder brauchen keine Zahlungstermine für die Beitragszahlung mehr überwachen.
- Die Vereinsmitglieder vermeiden Kosten für Mahnungen bei Zahlungsversäumnis.
- Sofern ein Vereinsmitglied einer autorisierten Lastschrift widersprechen möchte, kann dies innerhalb von acht Wochen nach der Belastungsbuchung erfolgen.
- Die Vereinsmitglieder haben die Möglichkeit des Widerspruchs gegen SEPA-Lastschriften bei ungerechtfertigt eingezogenen Beträgen innerhalb von 13 Monaten.

(je Argument 2 Punkte, maximal 4 Punkte)

Aufgabe 3 C

Aufgabe 4 E und **F**

Aufgabe 5

- Abschluss einer Inkassovereinbarung zwischen der Nordbank AG (1. Inkassostelle) und dem SC Norderstedt
- Akzeptierung der Bedingungen für das SEPA-Lastschriftverfahren
- Erteilung des SEPA-Lastschriftmandats durch das Vereinsmitglied an den SC Norderstedt vor Zahlungseingang
- Die Deutsche Bundesbank muss dem Sportverein eine Gläubigeridentifikations-Nummer (Gläubiger-ID) zugewiesen haben.
- Der Zahlungsempfänger versieht das Lastschriftmandat mit einer Mandatsreferenznummer.

(je Vereinbarung 2 Punkte, maximal 6 Punkte)

Aufgabe 6

Der SC Norderstedt verpflichtet sich,

- nur SEPA-Lastschriften der Nordbank AG zum Einzug einzureichen, bei denen dem Sportverein eine vom Vereinsmitglied unterschriebene Einzugsermächtigung (SEPA-Lastschriftmandat) vorliegt.
- einen Widerruf des SEPA-Lastschriftmandats durch das Vereinsmitglied jederzeit zuzulassen.
- eine Rücklastschrift eines Vereinsmitglieds wegen mangelnder Kontodeckung oder Unanbringlichkeit innerhalb von acht Wochen nach Belastungsbuchung zuzulassen.
- dem Vereinsmitglied spätestens 14 Tage vor Fälligkeit der ersten Beitragszahlung den Lastschrifteinzug mit Betrag und Datum anzukündigen (Vorabinformation), z. B. im Rahmen der

Mitgliedsrechnungsstellung. Dabei übernimmt der SC die Autorisierungsdaten in den Datensatz zur Einziehung der SEPA-Lastschrift.
- Der Sportverein verpflichtet sich, im Lastschriftdatensatz ein bestimmtes Fälligkeitsdatum (Belastungsdatum) anzugeben.

(je Verpflichtung 1 Punkt, maximal 3 Punkte)

Aufgabe 7

Autorisierungsdaten im SEPA-Lastschriftmandat:
- Bezeichnung des Zahlungsempfängers
- Kontounabhängige Gläubiger-Identifikationsnummer, die auf Antrag online von der Bundesbank erteilt wird.
- Kennzeichnung, ob es sich um einen einmaligen oder wiederkehrenden Lastschrifteinzug handelt.
- Name, Adresse, Kontoverbindung des Vereinsmitglieds
- Name, Adresse des Sportvereins
- Kundenkennung (IBAN, BIC) des Sportvereins
- Vom Sportverein individuell vergebene Mandatsnummer
- Unterschrift und Unterschriftsdatum

(je Aspekt 1 Punkt, maximal 3 Punkte)

Aufgabe 8 E

- Hat der SC Norderstedt bereits über den nach Einreichung einer Lastschriftdatei gutgeschriebenen Betrag verfügt, kann es zu einer Kontoüberziehung kommen.
- Die Obergrenze soll den Umfang der möglichen Kontoüberziehung begrenzen.
- Die Nordbank AG als 1. Inkassostelle haftet für Rücklastschriften.

Aufgabe 9

Kosten pro Quartal	Kontomodell 1	Kontomodell 2
Grundpreis	3 x 6 = 18,00 EUR	3 x 12 = 36,00 EUR
Beleglose Buchungen	11 x 0,60 = 6,60 EUR	11 x 0,15 = 1,65 EUR
Beleghafte Buchungen	90 x 1,50 = 135,00 EUR	90 x 2,50 = 225,00 EUR
Gesamtkosten pro Quartal	159,60 EUR	262,65 EUR

Empfehlung: Kontomodell 1

Aufgabe 10

Der Kontoeröffnungsantrag muss gemäß Auszug aus dem Vereinsregister von zwei Vorstandsmitgliedern gestellt werden. Beide Vorsitzenden (Herr Krause und Herr Müller) müssen gemeinsam den Kontoeröffnungsantrag stellen.

(je Aspekt 1 Punkt, maximal 2 Punkte)

Aufgabe 11 C

Aufgabe 12 D

Maßgebend als Kontobezeichnung ist der im Vereinsregister eingetragene Name, also hier: SC Norderstedt – 1985 e. V.

Aufgabe 13

1	2	3	4	5
A	**C**	**D**	**E**	**B**

2. Fall: Bausparen und vermögenswirksame Leistungen

Aufgabe 1 E

9 % für vermögenswirksame Leistungen für maximal 470,00 EUR jährlich z. B. auf einen Bausparvertrag und 20 % für einen Beteiligungssparvertrag für maximal 400,00 EUR jährlich

Aufgabe 2

- individuelle Besparung möglich
- Sichere Anlagemöglichkeit
- freie Tarifwahl mit der Möglichkeit einer individuellen Anpassung an die Kundenbedürfnisse
- Anspruch auf ein zinsgünstiges / zinsgarantiertes Bauspardarlehen
- Nutzung der staatlichen Förderung

(je Vorteil 1 Punkt, maximal 3 Punkte)

Aufgabe 3 E

Aufgabe 4

- Vertragsabschluss: Tarifauswahl und Vereinbarung der Bausparsumme
- Ansparphase: Besparung erfolgt durch regelmäßige Einzahlungen, Sonderzahlungen, VL
- Sparguthaben wird in der Regel verzinst

. Zuteilung: Bausparkasse stellt die vertraglich vereinbarte Bausparsumme zur Verfügung

. Darlehensphase: Rückzahlung des erhaltenen Bauspardarlehens

(je Nennung und kurzer Beschreibung der Phase 1 Punkt, maximal 4 Punkte)

Aufgabe 5

- Überweisung der VL durch die Speditions-AG
- Einhaltung der Einkommensgrenze von 40.000,00 EUR zu versteuerndes Einkommen für Ledige, bei Verheirateten von 80.000,00 EUR
- Einhaltung der Sperrfrist von sieben Jahren nach Vertragsabschluss; Beachtung von Ausnahmeregelungen bei vorzeitigen zulagenunschädlichen Verfügungen
- Abgabe des Antrages auf Arbeitnehmersparzulage

(je Voraussetzung 1 Punkt, maximal 3 Punkte)

Aufgabe 6

a) 30,00 EUR/Monat x 12 Monate = 360,00 EUR (1 Punkt)

470,00 EUR max. förderfähiger Betrag - 360,00 EUR = 110,00 EUR zusätzliche jährliche Leistung (2 Punkte)

b) 43,00 EUR (9 % von 470 EUR = 42,30 aufgerundet 43,00 EUR, 2 Punkte)

Aufgabe 7

Wohnungsbauprämie nach dem Wohnungsbau-Prämiengesetz (WoPG)

- 700,00 EUR pro Person und Jahr
- 10 % Wohnungsbauprämie

(je Aspekt 1 Punkt, max. 3 Punkte)

Aufgabe 8

600,00 EUR max. förderfähiger Betrag x 0,1 = 60,00 EUR Wohnungsbauprämie

Aufgabe 9

470,00 EUR : 12 = 39,17 EUR monatlich

39,17 EUR + 50,00 EUR = 89,17 EUR (2 Punkte)

89,17 EUR : 0,004 = 22.292,50 EUR - gerundet 23.000,00 EUR Bausparsumme (2 Punkte)

Aufgabe 10 B

Aufgabe 11 A

Aufgabe 12

31.12.2027

oder

spätestens bis Ende des zweiten Kalenderjahres nach Erbringung der Leistung.

3. Fall: Notleidender Kredit

Aufgabe 1 C

Aufgabe 2

- ungewöhnlich viele Kreditanträge bei unterschiedlichen Banken
- negative Eintragungen bei der SCHUFA
- Kunde unbekannt verzogen
- Arbeitslosigkeit des Kunden
- steigende Ausgaben bei gleichbleibenden oder sinkenden Einnahmen
- wiederholte Lastschriftrückgaben
- Pfändungs- und Überweisungsbeschluss

(je Aspekt 1 Punkt, maximal 4 Punkte)

Aufgabe 3

- Umschuldung der Kontoüberziehung und des Restkreditbetrags zu neuem Darlehen mit längerer Laufzeit
- Verlängerung der Laufzeit des bestehenden Darlehens
- Verkauf des Fahrzeugs oder anderer Vermögensgegenstände zur Reduzierung des KK-Kontosaldos und/oder des Restkreditbetrags
- generelle Überprüfung des Ausgabenverhaltens mit dem Ziel der Ausgabenreduzierung anhand einer Haushaltsrechnung
- Erhöhung der laufenden Einnahmen durch Aufnahme einer weiteren bezahlten Arbeit

(je Aspekt 1 Punkt, maximal 3 Punkte)

Aufgabe 4 B

- Die Zession wird erst offengelegt, wenn Herr Maler den Kreditvertrag nicht ordnungsgemäß erfüllt.
- Die Befürchtungen sind nicht berechtigt, wenn er sein Gehaltskonto in ein Pfändungsschutzkonto (P-Konto) umwandeln lässt.

Aufgabe 5

	monatliches Nettogehalt	1.654,00 EUR
-	unpfändbarer Grundbetrag	1.560,00 EUR (1 Punkt)
=	übersteigender Betrag	94,00 EUR (2 Punkte)

Der unpfändbare Teil seines Einkommens beträgt zurzeit 1.559,00 EUR.

Die monatliche Pfändungsschutzfreigrenze liegt seit 1. Juli 2025 bei 1.559,00 EUR. Wer unterhaltspflichtig ist, also beispielsweise eine Familie zu versorgen hat, kann eine sog. P-Konto-Bescheinigung einreichen. Dann steigt die Freigrenze monatlich zusätzlich um 471,44 EUR für die erste sowie 262,65 EUR für die zweite bis maximal 5. Person. Die Bescheinigung hat eine Gültigkeitsdauer von einem Jahr, immer am 1. Juli eines Jahres.

Die Pfändungsfreigrenzen werden jedes Jahr zum 1. Juli erhöht.

Wer einen Teil des monatlichen Freibetrags nicht verbraucht hat, kann das pfändungsgeschützte Guthaben bis zu drei Monaten übertragen.

Bei der Pfändung eines Gemeinschaftskontos können nun alle Kontoinhaber von der Bank die Übertragung des Guthabens nach Kopfteilen auf Einzelkonten verlangen.

Das Recht auf Umwandlung in ein P-Konto gilt auch für Girokonten, die im Minus stehen. Der negative Saldo ist dann auf einem separaten Konto zu führen.

Aufgabe 6

Der pfändbare Teil seines Nettoeinkommens beträgt 95,00 EUR, vgl. Berechnung in Lösung der vorigen Aufgabe.

Aufgabe 7

- Verzug mit mindestens zwei aufeinander folgenden Raten (ganz oder teilweise)
- mindestens 5 % der Kreditsumme bei einer Laufzeit über drei Jahre
- Frist von zwei Wochen zur Zahlung des rückständigen Betrags
- Erklärung, dass bei Nichtzahlung die gesamte Restschuld fällig ist
- Gesprächsangebot über einverständliche Regelung

(je Voraussetzung 1 Punkt, maximal 5 Punkte)

Aufgabe 8

Herr Maler muss drei Raten von je 220,00 EUR ununterbrochen im Rückstand sein, 5 % von 12.000 EUR = 600,00 EUR.

Aufgabe 9

- Die Nordbank AG stellt Antrag auf Erlass eines Mahnbescheids
- Das Amtsgericht erlässt Mahnbescheid und stellt ihn zu
- Die Nordbank AG stellt Antrag auf Erlass eines Vollstreckungsbescheids
- Amtsgericht erlässt Vollstreckungsbescheid und stellt ihn zu

(je Aspekt 1 Punkt, maximal 4 Punkte)

FSC
www.fsc.org
MIX
Papier | Fördert
gute Waldnutzung
FSC® C083411

Kolibri 360 GmbH
Ferdinand-Jühlke-Straße 7
99095 Erfurt, Deutschland
produktsicherheit@kolibri360.de